CATARATA

Deusto
Centro de Ética Aplicada
Etika Aplikatuko Zentroa

LUIS CASTELLS ARTECHE

Doctor en Historia Contemporánea y profesor emérito de la UPV/EHU. En 2021 fue galardonado con el Premio Mario Onaindia. En los últimos años se ha centrado en el análisis de la transición política, así como en la violencia y el terrorismo en Euskadi. A este respecto y, entre otras publicaciones, ha participado en los libros *ETA. Terror y terrorismo* (Marcial Pons, 2021), *Nunca hubo dos bandos. Violencia política en Euskadi. 1975-2011* (Comares, 2020) y *Naturaleza muerta: usos del pasado en Euskadi después del terrorismo* (PUZ, 2018). Más recientemente publicó el capítulo "Debates sobre la Transición. La utopía reconstructiva", recogido en el libro *Tu voz en muchas voces. Escritos en homenaje a Jon Juaristi* (UPV/EHU, 2022).

IZASKUN SÁEZ DE LA FUENTE ALDAMA

Profesora e investigadora del Centro de Ética Aplicada de la Universidad de Deusto. Se doctoró en Ciencias Políticas y Sociología (especialidad Ciencias Políticas) en la Universidad del País Vasco en 2001, con la tesis *El Movimiento de Liberación Nacional Vasco, una religión de sustitución* (2002). En la línea de investigación sobre conflictos y culturas de paz, estudia los procesos sociales, políticos y culturales asociados a la violencia de motivación política en Euskadi, en los que, con una clara motivación ético-política, otorga un lugar central a las víctimas. Participa desde sus inicios en 2018 en la Comunidad de Aprendizaje sobre Memoria, Educación Histórica y Construcción de Paz en Euskadi. Anteriormente, dirigió el proyecto interdisciplinar "Memoria, ética y justicia: la extorsión y la violencia de ETA contra el mundo empresarial (2012-2016)", proyecto que obtuvo el accésit del Premio UD-Banco Santander de Investigación (2017) y que ha conseguido colocar en la agenda pública una dimensión de la violencia de ETA que había resultado especialmente invisibilizada.

Research ID: Web of Knowledge: R-1052-2018/ orcid.org/0000-0001-9099-2653.

Luis Castells Arteche e
Izaskun Sáez de la Fuente Aldama

Guerra sucia y abusos de poder: la quiebra de los imperativos morales

Izaskun Sáez de la Fuente y Ángela Bermúdez
(editoras de la colección)

COLECCIÓN MEMORIA E HISTORIA DEL CONFLICTO
Y LA VIOLENCIA EN EUSKADI

ESTA COLECCIÓN SE PRODUCE CON EL APOYO DE UN CONVENIO ENTRE EL GOBIERNO VASCO Y LA UNIVERSIDAD DE DEUSTO PARA EL DESARROLLO DEL PLAN DE CONVIVENCIA, DERECHOS HUMANOS Y DIVERSIDAD (2021-2024).

DISEÑO DE CUBIERTA: MIKEL LAS HERAS

FUENCARRAL, 70
28004 MADRID
TEL. 91 532 20 77
WWW.CATARATA.ORG

GUERRA SUCIA Y ABUSOS DE PODER: LA QUIEBRA
DE LOS IMPERATIVOS MORALES

ISBN: 978-84-1067-212-3
DEPÓSITO LEGAL: M-746-2025
THEMA: JPWL/JBKF/JPWS

IMPRESO POR ARTES GRÁFICAS COYVE

En memoria de José María Lidón y Juan Mari Jáuregui, defensores del Estado de derecho.

ÍNDICE

SOBRE LA COLECCIÓN

Una década después del alto el fuego definitivo de Euskadi Ta Askatasuna (ETA), las personas jóvenes en Euskadi —la primera generación que no ha sufrido en carne propia la violencia— manifiestan tener pocos espacios seguros en los que preguntar, conversar y discutir sobre el tema.

La presente colección editorial busca promover en las nuevas generaciones una comprensión crítica de la historia de conflicto y violencia vivida en Euskadi en las últimas décadas. Está dirigida, principalmente, a las personas jóvenes, a los ciudadanos y ciudadanas de a pie que se interesan por estas cuestiones, pero también al profesorado en ejercicio o en formación y a las personas que, desde distintas organizaciones públicas y privadas, quieren fomentar el respeto de los derechos humanos y el cultivo de la paz y de la convivencia.

Este es un proyecto de la Comunidad de Aprendizaje sobre Memoria, Educación Histórica y Construcción de Paz en Euskadi, una iniciativa del Centro de Ética Aplicada de la Universidad de Deusto que, desde sus inicios en 2018, ofrece un espacio de diálogo y reflexión interdisciplinar e intergeneracional sobre el pasado violento de Euskadi. En su primera fase de trabajo (2019-2021), la Comunidad se dedicó a explorar, con jóvenes de distintos perfiles ideológicos, las preguntas y reflexiones que ellas y ellos se hacen acerca de la violencia de motivación política vivida. De manera recurrente manifestaron que les surgen preguntas que no tienen dónde plantear y que se hacen reflexiones que no pueden contrastar con otras personas. Sienten el peso de un "silencio heredado y autoimpuesto" en la familia, las cuadrillas, la escuela y la comunidad.

A la persistencia de este silencio ha contribuido la idea de que, para promover la paz y la convivencia, lo mejor es pasar página, olvidarse del pasado y mirar solo hacia el futuro. Pero no se puede construir el futuro de espaldas al pasado. Por ello, en su actual fase de trabajo, la Comunidad de Aprendizaje ha reunido a un grupo de historiadores expertos en la temática, filósofos y científicos sociales expertos en el análisis ético de la violencia y pedagogos expertos en educación histórica, para colaborar en la producción de esta colección.

Cada uno de los libros de la colección profundizará en una cuestión histórica o ética que hemos identificado como especialmente relevante para interrogar críticamente los relatos que las personas jóvenes tienen sobre la historia del conflicto vasco y de la violencia. Se trata de una estrategia pedagógica narrativa que, siguiendo la senda de Penélope, propone destejer con cuidado y volver a tejer con conciencia la memoria social de un pasado sangrante y doloroso. En ella, la visibilización y la exploración crítica de los mitos, los sesgos y las sobresimplificaciones que sirven para justificar la violencia marcan el punto de partida de una doble dinámica de *historización de la memoria* y de *memorialización de la historia*. Con ella se busca mejorar la comprensión que las personas tienen de la complejidad de los fenómenos históricos, encarnar el pasado en la experiencia de las víctimas y, así, activar el potencial de la historia para desnormalizar y deslegitimar la violencia.

INTRODUCCIÓN

La guerra sucia existió, aunque se haya buscado ocultarla o minusvalorar su alcance. Debemos dimensionarla adecuadamente y evaluarla críticamente para contribuir a la deslegitimación de la violencia. Consistió en el uso ilegítimo de la fuerza por parte de las Fuerzas de Seguridad del Estado (FSE) y de grupos de ultraderecha con el propósito de combatir el terrorismo, disponiendo bien del consentimiento tácito o incluso del apoyo político y financiero de los aparatos del Estado. En la guerra sucia se pueden diferenciar dos fases. La primera se desarrolló durante la transición de la dictadura a la democracia (1975-1981) y está protagonizada por *incontrolados*, determinados grupos parapoliciales y sectores de ultraderecha que, con frecuencia, añoraban el retorno al régimen franquista. La segunda tuvo lugar cuando el Partido Socialista Obrero Español (PSOE) llegó al poder con una mayoría absoluta. Esta fase (1983-1987) estuvo protagonizada por los Grupos Antiterroristas de Liberación (GAL). Además de la guerra sucia, hemos querido contemplar en este libro la tortura como una execrable práctica de los aparatos policiales que se dio de manera más sistemática en los primeros años de la democracia, pero cuya sombra se ha prolongado hasta la actualidad.

La ocultación o minusvaloración de las distintas formas de guerra sucia y de la tortura, las limitadas investigaciones policiales y judiciales, así como la impunidad de muchos de los delitos cometidos tienen efectos muy contraproducentes. En primer lugar, impiden el reconocimiento y la reparación de las víctimas de estas atroces e injustas vulneraciones de derechos humanos y hacerlo en pie de igualdad con las víctimas de ETA. Algunos argumentan que la guerra sucia era necesaria e inevitable dada la dramática y compleja situación que se vivía. Sin embargo, desde la perspectiva ética de esta colección, creemos que es fundamental que se comprenda que no solo fue injusta contra las personas que la sufrieron, sino que fue un gravísimo ataque a la democracia y al Estado de derecho que debía proteger los derechos y las libertades de toda la ciudadanía; y ahí no cabe consideración utilitaria alguna.

La deslegitimación de la violencia supone rechazar la idea de que el Estado tiene un poder ilimitado para hacer uso de la fuerza sin rendir cuentas a nadie. Si bien se considera que, en un Estado democrático, este tiene el monopolio legítimo del uso de la fuerza, su empleo debe estar adecuadamente justificado, cumpliendo los estándares internacionales de respeto a la dignidad y a los derechos de las personas y operando de acuerdo a su sistema legal. Por eso, a lo largo del libro enfatizamos lo problemático que resulta ampararse en "razones de Estado" para justificar la guerra sucia cuando lo único que hace este planteamiento es socavar los fundamentos del Estado de derecho. En última instancia, abordar críticamente la guerra sucia nos lleva a poner en cuestión el mito popular de que la transición a la democracia en España fue un proceso pacífico que ofrecía un modelo ejemplar a exportar a otros países.

Con frecuencia, la negación de la guerra sucia por parte del Estado obedece, al menos en parte, a que se cree que reconocerla conllevaría desprestigiar la labor y el compromiso de las FSE en la lucha contra el terrorismo, cuando han sido ellos quienes más víctimas mortales han sufrido durante todo este ciclo de violencia. Clarificar responsabilidades no mancha la imagen de las FSE, sino, más bien al contrario, muestra la verdadera razón de ser de unas fuerzas armadas y de una policía propias de un sistema democrático.

Existe otro mito cuestionable: la exageración del alcance de la guerra sucia que permite alimentar la tesis de que la violencia de ETA era una mera respuesta contra la violencia represiva del Estado, restándole así responsabilidad a la organización terrorista. Por dramática e injusta que sea, el número de las víctimas de la guerra sucia está muy por debajo del número de víctimas mortales causadas por ETA y el ejercicio de la violencia tiene una duración temporal mucho menor, de poco más de una década, mientras que la actividad de ETA se prolongó durante más de 50 años. Según la banda armada y su entorno, la guerra sucia demostraba que el nuevo Estado no había roto amarras con el franquismo, y que, por tanto, continuaba siendo un régimen dictatorial.

En el libro se analizan con detalle los aspectos en los que hubo cierta continuidad de elementos franquistas, sobre todo en el comportamiento de determinados sectores de las FSE, del Ejército y de grupos de ultraderecha, pero esto se sitúa como un fenómeno problemático en el marco de un proceso político de cambio de régimen y de asentamiento de la democracia. Esta exageración del alcance de la guerra sucia forma parte del mito de la existencia de dos "bandos enfrentados" en igualdad de condiciones. La reconstrucción de este proceso muestra que no existía tal equivalencia. El libro evidencia que existieron dos violencias, pero no dos bandos.

ACTIVIDAD 1

En este libro hablaremos sobre la "guerra sucia". ¿Habías oído hablar acerca de este fenómeno?

A partir de lo que sabes, reflexiona sobre las siguientes cuestiones. Si desconoces las respuestas, pregunta a distintas personas de tu entorno:

- ¿Quién practicaba la "guerra sucia" y contra quién? ¿Qué motivos tenían?
- ¿Por qué se dice que era una "guerra" y por qué se dice que era "sucia"?

1. CONTEXTO HISTÓRICO: TRANSICIÓN DE LA DICTADURA A LA DEMOCRACIA

El tema que vamos a tratar en este libro está estrechamente relacionado con el contexto histórico y político que tiene su origen en el franquismo. El texto comienza en el periodo de tránsito de un régimen dictatorial a otro de carácter democrático, en el periodo comprendido entre 1975, cuando Franco muere, y 1982, cuando el PSOE llega al poder, que inaugura la etapa de consolidación de la democracia en España.

Los procesos de cambio de sistemas dictatoriales a otros de carácter democrático se caracterizan con frecuencia por su complejidad y dificultad, más aún si se producen de manera no violenta como en España. Es una transformación nada sencilla, pues los distintos aparatos del Estado que operaban bajo la dictadura se resisten a desaparecer y suelen obstaculizar el desarrollo de las vías democráticas. En España, ese paso de la dictadura a la democracia se produjo sin que ninguna de las fuerzas políticas protagonistas fuera capaz de imponerse a otra. Básicamente se contrapusieron dos grandes bloques: uno era el reformista, que provenía del franquismo pero que era consciente de la necesidad de introducir cambios, aunque se pretendía que estos fueran moderados; era un proyecto que encarnaban al frente del Gobierno primero Carlos Arias Navarro, con una voluntad de cambio claramente insuficiente, y, tras él, Adolfo Suárez, con un afán más decididamente reformista. El otro bloque estaba constituido por la oposición, en la que se agrupaba una constelación de partidos desde el centro hasta la extrema izquierda, con el propósito común de traer la democracia por medio de una "ruptura" con el régimen anterior, transformando sus bases e instituciones políticas.

Sin embargo, ninguno de los dos bloques tenía la suficiente potencia para imponerse al otro. Lo que resultó fue consecuencia de "una correlación de debilidades" (Vázquez Montalbán, 1978) en la que la oposición tuvo que aceptar determinados aparatos provenientes del franquismo, mientras que el reformismo suarista asumió gran parte del programa democrático de la oposición. Ciertamente, el resultado final fue notable pues supuso la llegada de la democracia a España: legalización de partidos políticos, celebración de elecciones libres, proceso constituyente para la elaboración de una nueva Constitución que consagró un Estado social y democrático de derecho y la autonomía de nacionalidades y regiones, así como una amnistía que supuso la excarcelación de todos los presos políticos de la dictadura y el retorno de muchos exiliados, pero también la impunidad para los crímenes cometidos por el franquismo. De esta forma, el nuevo sistema político que emergió se parecía más a los deseos de la oposición que a lo que aspiraban los reformistas.

El nuevo andamiaje político ya democrático contenía deficiencias producto de su origen y de esas transacciones, con lastres significativos como la continuidad de elementos franquistas en los aparatos del Estado o la impunidad de los crímenes cometidos bajo su amparo. Especial relevancia tuvo esa permanencia de franquistas en dos instituciones tan significativas como la Policía y el Ejército, cuyo proceso de democratización fue largo y complejo.

El modo en que se realizó la Transición en España respondió a los recursos que cada bloque acumulaba y a la voluntad mayoritaria de la población española, inclinada a favor de salidas moderadas y no radicales. La oposición y, dentro de ella, la izquierda, carecía del músculo necesario para lograr que sus tesis de ruptura pudieran triunfar, teniendo que admitir que, a pesar del incremento de las movilizaciones contra el régimen, estas no tuvieron el suficiente arrastre social como para que pudiera quebrarse todo el entramado del aparato anterior. A este respecto, resulta significativo lo que decía Eugenio del Río, entonces joven dirigente de la izquierda radical, en una visión retrospectiva:

> El franquismo no estaba en las últimas. No estaba cerca de ser derrotado. El antifranquismo organizado, por su parte, era muy minoritario y carecía de una voluntad común. [...] De manera que la ruptura, tal como la entendíamos los que la defendíamos, quedaba fuera de lo posible (Del Río, 2014).

Entre los antecedentes imprescindibles para contextualizar la guerra sucia, hubo un factor fundamental: la permanencia de la acción terrorista de ETA. Desde que en 1968 cometiera su primer crimen, la organización continuó utilizando la violencia, poniendo en práctica su estrategia de acción-represión-acción, con la idea de que sus actividades armadas desencadenarían una represión masiva y desproporcionada que multiplicaría su apoyo social y su militancia. Efectivamente, tal y como explica Kepa Aulestia, así ocurrió en el tardofranquismo —fruto de los sucesivos estados de excepción— y en los primeros años de la Transición (Aulestia, 1993: 39 y 121).

Ahora bien, llegada la democracia, y tras las primeras elecciones libres y la amnistía en 1977, muchos se preguntaban cómo reaccionarían tanto ETA, que había hecho de su condición violenta un rasgo definitorio, como aquellos aparatos del Estado acostumbrados a desenvolverse bajo las pautas de la represión franquista. La respuesta de ETA no dejó lugar a dudas, pues desencadenó un durísimo ataque contra el nuevo sistema democrático que, con muchas dificultades, trataba de asentarse. El número de sus acciones armadas se incrementó sustancialmente a medida que la Transición se fue desarrollando. Prueba de ello es que se pasó de los 16 asesinatos en 1975 o 18 en 1976 a los 80 en 1979 o a los 98 en 1980. De manera que entre los años 1978 y 1982 fueron asesinadas 318 personas (casi el 40% del total de sus víctimas); con razón se ha llamado a este periodo *los años de plomo*, cuando ETA se mostró más mortífera.

La organización terrorista embistió brutalmente contra el nuevo sistema político, con el propósito de desestabilizar las instituciones y provocar el fracaso del proceso democrático. ETA y su entorno político consideraban que la democracia que se estaba asentando en España era un fraude, poco más que un retoque superficial del franquismo; por tanto, defendían la tesis del "continuismo del franquismo sin Franco". Rechazaban rotundamente el nuevo sistema político porque, a su entender, no hacía sino reproducir el componente represor de la dictadura, sobre todo en lo relativo al pueblo vasco. Pero, como veremos en este libro, ETA no fue el único sector que protagonizó ese ataque a la democracia. Nos queda el otro lado de la ecuación: ¿cuál fue la reacción de los nostálgicos del franquismo instalados en los aparatos de seguridad del Estado o en el Ejército?

2. LAS INERCIAS REPRESIVAS DEL FRANQUISMO Y LA GUERRA SUCIA BAJO LA UNIÓN DE CENTRO DEMOCRÁTICO

LA VIOLENCIA PROVOCATIVA DE LOS 'INCONTROLADOS'

La Unión de Centro Democrático (UCD), partido que resultó mayoritario tras las elecciones de junio de 1977 y que se mantuvo en el Gobierno hasta 1982, tuvo que hacer frente a uno de los mayores retos que deben encarar las nuevas democracias en los procesos de transición: el control del estamento militar y de los cuerpos de seguridad, control aún más complejo dado que estos sectores tenían fuertes vínculos con el régimen franquista. La transformación gradual y pactada que siguió la Transición en España, lejos de los deseos rupturistas de un sector de la izquierda, implicó la no depuración de los aparatos del Estado y muy en particular de las fuerzas de seguridad y del Ejército. De este modo, en ambos cuerpos se mantuvieron en sus cargos personas que se habían caracterizado por sus posiciones abiertamente antidemocráticas.

El partido de Suárez era consciente de esta situación y sabía que debía introducir reformas en los cuerpos de seguridad. Así lo hizo o lo intentó, pero lo acometió desde una posición de fragilidad, pues era un partido nuevo con escasa experiencia, relativo apoyo social y fracturas internas. Tuvo que hacer frente a una notoria hostilidad hacia la democracia de sectores tanto de los cuerpos de seguridad como del Ejército, que se alimentaba de que ETA les hubiera convertido en objeto preferente de sus atentados. Por eso, dicha animosidad se visibilizaba con especial intensidad en las manifestaciones públicas de rechazo que militares y policías protagonizaban en los funerales de sus compañeros asesinados por ETA, en cuyas ocasiones se escuchaban gritos contra un Gobierno considerado tibio y débil frente a la amenaza terrorista. El "ruido de sables" era continuo y culminó con la intentona golpista del 23 de febrero de 1981 (23F).

Todo ello repercutió en que la situación en Euskadi fuera caótica, con un Estado débil, incapaz de hacer frente a la ofensiva terrorista de ETA, pero también de controlar debidamente a sus fuerzas de seguridad. Este segundo aspecto era especialmente relevante, ya que la imagen democrática que el nuevo Estado pretendía ofrecer a la población vasca saltaba por los aires cuando las fuerzas de seguridad protagonizaban comportamientos irregulares o delictivos y alimentaba entre la población la credibilidad de la tesis del "continuismo del franquismo sin Franco". Estos sectores incumplían así lo que debía ser un principio básico de cualquier democracia: respetar la ley y garantizar los derechos y las libertades de los ciudadanos.

Hubo varios hechos que así lo atestiguan, pero quizá uno de los más clamorosos fue la intervención vandálica el 13 de julio de 1978 de una compañía de la Policía Armada, que, de manera autónoma y saltándose toda cadena de mando, irrumpieron en Errenteria protagonizando actos de pillaje que se prolongaron durante 40 minutos, agrediendo a los transeúntes, rompiendo las cristaleras de los comercios y robando diversos objetos. Tal fue la repercusión del suceso que el ministro del Interior, Rodolfo Martín Villa, tuvo que pedir disculpas públicas. También fue llamativo lo sucedido unos meses más tarde en el acuartelamiento de la Policía Armada de Basauri cuando, dentro de un clima de descontento agravado por el asesinato de dos policías a manos de ETA, se produjo un acto de sedición en toda regla, una especie de motín en el que componentes de la Policía retuvieron e insultaron a autoridades civiles y jefes del cuerpo.

Plante, insultos y agresiones

Unos graves incidentes se produjeron ayer en el acuartelamiento de la Policía Armada en Basauri con ocasión del funeral por los dos miembros del Cuerpo asesinados.

Según reconoce una nota oficial, un número no determinado de policías se negaron a prestar servicio desde la madrugada del sábado. Por otro lado, ayer, algunos policías —unos de paisano y otros de uniforme— y sus familias insultaron gravemente al gobernador civil de Vizcaya y al general inspector de la Policía Armada, llegando incluso a producirse agresiones.

Fuente: *La Gaceta del Norte*, 15 de octubre de 1978.

Muchos de estos hechos obedecían a la estrategia de tensión puesta en marcha por la extrema derecha para impedir el asentamiento de la democracia, aplicando una *violencia provocativa* que buscaba generar la mayor crispación posible. Ello se puso de manifiesto, por ejemplo, en los Sanfermines de 1978 en Pamplona. La Policía Armada tuvo una actuación brutal, incitada por el responsable de esta fuerza, Fernando Ávila, un militar con simpatías hacia el partido ultraderechista Fuerza Nueva. En estos incidentes se produjo la muerte de un manifestante como consecuencia de los disparos. La Policía, y en particular Ávila, actuó en aquella ocasión desobedeciendo las instrucciones del gobernador civil, que trató sin éxito de apaciguar el clima de extraordinaria tensión. Basten estas pinceladas para corroborar lo que se dijo en el diario *El País*: "Las fuerzas policiales del País Vasco actuaban en los primeros momentos de la Transición al margen de las directrices del Gobierno de Madrid" (*El País*, 27 de diciembre de 1994).

Resulta llamativo hasta qué punto se produjo una confluencia entre la extrema derecha y ETA. Ambos actores estaban interesados en el fracaso de la democracia y utilizaban la violencia para conseguirlo. Así se reflejaba en *Kemen*, un boletín de ETA político-militar (ETApm), facción de la organización que optó por el abandono de la violencia a principios de los años ochenta y por acogerse a las vías de reinserción negociadas con el Gobierno: "Los poderes fácticos involucionistas tratarán de cargarse esto [el proceso de reforma]. Los milis [ETAm] también. Estos últimos han ido demasiado lejos, tratan de cargarse la democracia y provocar la desbandada general" (ETApm, *Kemen*, 1981).

'UNIFORMADOS DE DÍA, INCONTROLADOS DE NOCHE': ABUSOS DE LAS FUERZAS DE SEGURIDAD

Las primeras elecciones democráticas de junio de 1977 no mejoraron la disposición de las fuerzas policiales a velar por el orden público bajo criterios respetuosos con el Estado de derecho. Estas continuaron protagonizando acciones impropias en un sistema democrático como abusos de autoridad y actuaciones violentas, dolosas y lesivas para la ciudadanía. Eran unos cuerpos que vivían bajo la nostalgia del franquismo, en el que no tenían límites, no debían rendir cuentas de sus actos ante ninguna autoridad civil o judicial ni debían enfrentarse a ninguna penalización por los actos arbitrarios que pudieran haber cometido. Estas situaciones reflejaban las inercias del franquismo y las resistencias de las fuerzas de seguridad a adaptarse a los modos democráticos, que implicaban perder su estatus privilegiado. A ello debe sumarse que los agentes disponían de una escasa formación sobre cómo actuar en un Estado de derecho.

En este contexto se puede entender lo que ocurría con los llamados *incontrolados* que actuaron en los últimos años del franquismo y primera etapa de la Transición. En algunas localidades vascas era frecuente que, tras un asesinato cometido por ETA, miembros de las Fuerzas de Orden Público (FOP) irrumpieran en bares hostigando y amenazando a los que allí se encontraban. Estos hechos resultaban demoledores para el nuevo orden democrático. Así, en los días 10 y 11 de marzo de 1978, se produjeron graves incidentes en diversas zonas de Donostia, ocasionados por unos 40 o 50 individuos que, armados con pistolas, porras y otros objetos contundentes, agredieron a ciudadanos, deduciéndose por varios datos que eran miembros de los cuerpos policiales. Estas situaciones esperpénticas popularizaron el eslogan "Uniformados de día, incontrolados de noche".

> La policía de San Sebastián comprobó la participación activa de miembros de las FOP en las actuaciones que grupos incontrolados llevaron a cabo en diversos lugares de la capital donostiarra durante los primeros meses del presente año, según un documento enviado por la Jefatura Superior de Policía de San Sebastián al Ministerio del Interior (*La Voz de España*, 6 de octubre de 1978).

Otra expresión de este fenómeno fue el llamado *gatillo fácil*, término con el que se denunciaba el uso no proporcional de sus armas reglamentarias por parte de las fuerzas policiales o su empleo arbitrario e improcedente con resultados fatales. Ello ocurría, por ejemplo, cuando los agentes utilizaban armas de fuego contra manifestantes, llegando a provocar muertes. También cuando se empleaban en controles policiales instalados en carreteras; así, entre junio de 1977 y 1982, 10 personas fallecieron en el País Vasco y Navarra como resultado de dichos controles. Los abusos policiales y las muertes en controles y manifestaciones se dieron en toda España. Sin embargo, en Euskadi, con una población tan sensible ante los comportamientos de las FOP, tales hechos dañaron significativamente la imagen de los cuerpos de seguridad y del nuevo Estado democrático. No obstante, estos comportamientos fueron atajados con cierta rapidez a medida que la Transición se consolidó.

TABLA 1

INCIDENTES MÁS GRAVES CAUSADOS POR LAS FUERZAS DE ORDEN PÚBLICO O 'INCONTROLADOS' EN EUSKADI Y NAVARRA (DESDE JUNIO DE 1977 A 1982)

FECHA	LUGAR	CAUSANTE	CONSECUENCIA	VÍCTIMA
25/08/77	Donostia	Disparo de la Policía Armada	Herido leve de bala	José Miguel Iparraguirre
10 y 11/03/78	Donostia	Incontrolados		
09/07/78	Pamplona	Disparos de la Policía	Muerte	Germán Rodríguez

TABLA 1

INCIDENTES MÁS GRAVES CAUSADOS POR LAS FUERZAS DE ORDEN PÚBLICO O 'INCONTROLADOS' EN EUSKADI Y NAVARRA (DESDE JUNIO DE 1977 A 1982) (CONT.)

FECHA	LUGAR	CAUSANTE	CONSECUENCIA	VÍCTIMA
11/07/78	Donostia	Disparos de la Policía	Muerte	Joseba Barandiarán
12/07/78	Errenteria	Disparos de la Guardia Civil	Dos heridos	Julián Hernández y José Luis Jiménez
03/07/78	Errenteria	Policía Armada asalta la localidad (vandalismo)	Destrucción de comercios	
10/04/79	Donostia	Policías de paisano (incontrolados)	Dos heridos	Enrique Iraola (herido grave) y Jokin Guillenea (reservado)
03/06/79	Tudela	Disparo de la Guardia Civil	Muerte	Gladys del Estal
11/06/79	Errenteria	Policía Armada irrumpe en el pleno del Ayuntamiento		
01/09/79	Donostia	Disparo de la Policía	Muerte	Iñaki Kijera
02/01/82	Errenteria	Disparos de la Guardia Civil	Dos heridos	Daniel Muñoz y Manuel Cosano

Fuente: Elaboración propia a través de recopilación de archivos de prensa y Landa (2008).

Al valorar este tipo de actuaciones, ha de tenerse en cuenta que las fuerzas de seguridad vivían en Euskadi en un clima de extraordinaria hostilidad ciudadana que sufrían no solo los agentes, sino también sus familias. El desarraigo al que se veían forzados se combinaba con la angustia y el miedo por su seguridad, con un temor constante por sus vidas a causa de la amenaza de ETA.

Testimonio de un guardia civil	**Testimonio de la viuda de un guardia civil asesinado en 1980, sobre su vida en Lekeitio**
"Nuestras relaciones se limitaban a nuestros compañeros y a algún familiar... El problema era más para las familias que para nosotros, porque nosotros trabajábamos demasiadas horas como para echar de menos esos contactos sociales. El problema era para nuestras familias, especialmente para nuestras mujeres que, cuando	"La mayoría nos odiaba, más de una vez nos tiraron la puerta [...]. Yo me sentía todo el tiempo en peligro. Si algún día iba a esperarlo al cuartel con el niño, él iba delante y yo unos

tenían que ir a comprar, se encontraban con el rechazo de la sociedad. Llegar a comprar a una tienda y, en el momento en que la identificaban como mujer de un guardia o que pudiera parecer, automáticamente era la última, o no le hacían caso o al final se tenía que marchar de esa tienda e ir a otra a comprar". Fuente: Intxaurbe, Urrutia y Vicente (2022: 39).	metros detrás por si lo mataban, que le mataran a él solo. Cuando mi marido regresaba a casa, me ponía a vigilar detrás de una cortina con un revólver por si veía algo raro, dar un tiro al aire para avisarle y que él supusiera que había peligro". Fuente: Pérez (2012: 60-61).

Muchos de los agentes destinados en el País Vasco sufrieron el llamado *síndrome del Norte*, que era fruto del estrés al que se enfrentaban en su quehacer cotidiano. No es extraño que el índice de suicidios entre las fuerzas de seguridad en Euskadi fuera muy elevado de manera que, en tres años, unas 30 personas se quitaron la vida (Belloch, 1998: 115). Quizá el caso más conocido fuera el de un sargento de la Policía Nacional que se suicidó tras velar el cuerpo de cuatro compañeros asesinados por ETA. Dichas circunstancias no disculpan en absoluto sus comportamientos dolosos, pero deben señalarse porque dificultaban la sensibilización democrática de estos cuerpos.

Atentado de ETA en Errenteria (14 de septiembre de 1982) A media mañana, las 11:00 horas del 14 de septiembre de 1982, ETA asesinó a tiros en una emboscada en Errenteria a los policías nacionales Jesús Ordóñez Pérez (natural de Jaén, de 25 años), Juan Seronero Sacristán (nacido en Gijón, de 35 años) y Alfonso López Fernández (nacido en Argentina, tenía 29	**El suicidio de Julián Carmona Fernández (15 de septiembre de 1982)** El sargento de la Policía Nacional, Julián Carmona Fernández, murió ayer en San Sebastián, tras dispararse un tiro en la cabeza con el arma reglamentaria de un compañero. El hecho tuvo lugar a las 12:10 horas en el cuerpo de guardia de la Comisaría

años). Un cuarto agente, Antonio Cedillo Toscano, sevillano, de 29 años, resultó herido al intentar repeler el ataque con metralletas en la carretera que conduce a las cuevas de Landarbaso. Un vecino de la zona lo encontró arrastrándose por la carretera mientras se desangraba. Lo subió a su furgoneta para llevarlo al hospital más cercano. En su huida, tres de los etarras detectaron el vehículo, lo interceptaron y encañonaron al conductor. Acto seguido sacaron de la cabina a Antonio Cedillo Toscano malherido, lo arrojaron sobre la cuneta y le pegaron dos tiros en la nuca. Un quinto policía nacional, Juan José Terrón, resultó herido de extrema gravedad por los disparos que le alcanzaron en el brazo derecho, el tórax, el muslo derecho y la pierna izquierda. Fuente: *El Diario Vasco*, 14 de septiembre de 2017.	de Policía de esta ciudad, cuando el sargento, que estaba casado y tenía tres hijos, almorzaba junto con varios policías. […] Trasladado a la residencia sanitaria Nuestra Señora de Aránzazu, falleció poco después de ingresado, mientras los médicos le intervenían quirúrgicamente. La nota ofrecida ayer por el Gobierno Civil de Guipúzcoa en torno a este suceso alude sin determinar sus causas a una "situación emocional que venía sufriendo", y dice que "al verse afectado por un momento de desesperación se disparó un tiro en la cabeza". […] El sargento pertenecía a la misma unidad que la patrulla asesinada y era amigo personal de varios de sus miembros. La posibilidad de que la muerte de los cuatro policías haya motivado, en última instancia, este suicidio, no fue descartada ayer por el general inspector de la Policía Nacional, Félix Alcalá Galiano […]. Fuente: *El País*, 16 de septiembre de 1982.

ACTIVIDAD 2

La primera parte del texto describe el clima de acoso y crispación en el que trabajaban los miembros de las Fuerzas de Seguridad del Estado en Euskadi. Ahora, trata de imaginarte el ambiente en el que vivían. ¿Crees que este contexto nos permite explicar y comprender algunos de los factores que incidieron en el uso de la violencia por parte de determinados sectores de las FSE? ¿Por qué?

No es lo mismo explicar un fenómeno, teniendo en cuenta la multiplicidad de factores que pueden incidir en él, que justificarlo. Por tanto, aun reconociendo ese contexto de intimidación y estrés cotidiano, desde una perspectiva ética los abusos cometidos por determinados agentes son intolerables y no pueden ser justificados. ¿Estás de acuerdo? ¿Por qué?

LA PRIMERA VERSIÓN DE LA GUERRA SUCIA (1975-1981)

A grandes rasgos, la guerra sucia se practicó en dos periodos diferenciados, uno entre 1975 y 1981, y otro entre 1983 y 1987. A este tipo de violencia se la suele denominar también *contraterrorismo ilegítimo*, dándose a entender con el primer término que era un terrorismo reactivo, es decir, que respondía a otro (el de ETA), en tanto que con el segundo se subraya su condición ilícita porque guarda estrecha relación con los aparatos del Estado, vulnerando así lo que debe ser la esencia de este, velar por el cumplimiento del Estado de derecho.

Se considera el año 1975 como el de inicio de la guerra sucia. La primera acción con resultado de muerte tuvo lugar en el alto de Kanpazar (Elorrio) con el asesinato de Iñaki Etxabe, hermano de un conocido etarra, como represalia por la muerte de tres guardias civiles a manos de ETA. El siguiente asesinato se produjo casi un año después, en Santurtzi, en el curso de una manifestación por la amnistía, cuando presuntos miembros de la extrema derecha (Guerrilleros de Cristo Rey) mataron a tiros a María Norma Menchaca. Fueron las dos primeras víctimas de una lista de 32 personas asesinadas y 35 heridas como consecuencia de una acción deliberada con propósito de muerte por grupos pertenecientes a la extrema derecha o parapoliciales; de las fallecidas, dos tercios murieron en 1980. Estas acciones tenían como objetivo ETA y su entorno, pero también afectaron a personas que nada tenían que ver con la banda armada. La mayor cifra de personas asesinadas se registró en el bar Aldana, en Alonsotegi (el 20 de enero de 1980), propiedad de una militante del Partido Nacionalista Vasco (PNV), en el que una potente bomba mató a cuatro personas. Esta fase de la guerra sucia terminó en 1981.

Del total de los asesinatos, 11 se produjeron en el extranjero, en el sur de Francia —porque en esos momentos el país vecino servía de "santuario", de refugio para los activistas de ETA—, o en Venezuela —donde se habían exiliado un significativo número de miembros de la organización—. Los otros 21 se produjeron en distintas localidades del País Vasco, con una especial incidencia en lo que se denominó el *triángulo de la muerte*, que comprendía las localidades guipuzcoanas de Hernani, Oiartzun y Andoain. De entre las víctimas, solo unas pocas eran miembros reconocidos o supuestos de ETA, otras eran simpatizantes de la izquierda *abertzale* y otras murieron simplemente por estar en el lugar del atentado o como víctimas vicarias para infundir temor entre la población, caso de algunos asesinatos cometidos por el sector civil del denominado Batallón Vasco Español (BVE).

Los actores responsables de esta violencia pertenecían a diversos grupos sin coordinación entre sí. Utilizaban distintas siglas de forma aleatoria, que daban cobijo a iniciativas esporádicas que o bien surgieron por impulso de funcionarios o sectores del Estado, o bien contaron con su connivencia y aprobación. *Grosso modo*, hubo tres grupos distintos: los que podemos llamar *incontrolados*, presumiblemente compuestos por miembros de los cuerpos policiales; en segundo lugar, el BVE y otras siglas, formado por militares, policías y guardias civiles, con un cuerpo "civil" integrado por nostálgicos del franquismo que operaba en Gipuzkoa; y, por último, mercenarios vinculados a los servicios de inteligencia y a grupos parapoliciales.

Eran tres sectores a los que les unía su común ideología de extrema derecha, su carácter violento, la añoranza del franquismo y sus conexiones o pertenencia a las fuerzas de seguridad. Ahora bien, tras estas intervenciones no existía una organización estructurada ni un proyecto político que los respaldase o les dotara de una estrategia. Así lo señalan, por ejemplo, los informes oficiales, que indicaban que "ninguna organización de este tipo está debidamente estructurada o jerarquizada", lo que es corroborado por otras fuentes (Miralles y Arques, 1989: 72 y ss.; Pérez, 2021: 536 y ss.; Baby, 2018: 596-597). En esta fase no existía un control estricto ni una dirección gubernamental, aunque sí una red laxa de complicidades y de solidaridad entre componentes de los cuerpos de seguridad, miembros del Ejército y civiles de la extrema derecha, a la par que también se daba una intervención de los servicios de información con la contratación de mercenarios. Por eso, se puede considerar que este primer contraterrorismo no fue promovido desde el Gobierno de la UCD, pero sí que este aceptó su existencia, lo toleró mientras le beneficiaba y, llegado el momento, decidió su fin. Un responsable del Ministerio del Interior comentaba:

> Convinimos que las policías se arreglaran entre ellas y que los asuntos como la muerte de Argala no deben ser de los responsables de esos departamentos (los ministerios del Interior francés y español); los políticos no deben saber estas cosas, porque los políticos somos indiscretos, y existen problemas de Estado que deben ser incontables (*El País*, 21 de diciembre de 1983).

Es ilustrativo que, en 1980, el Ministerio del Interior comunicase al general José Antonio Sáenz de Santamaría, delegado especial del Gobierno en el País Vasco —encargado de la dirección de la lucha antiterrorista en este territorio—, cómo debía comportarse con este contraterrorismo en los siguientes términos: "Déjalos. Que se desfoguen. Algo asustarán" (Carcedo, 2004: 246).

Resulta llamativo que, en las investigaciones efectuadas sobre los asesinatos cometidos u otros actos terroristas, solo fueran detenidos, juzgados y condenados los guipuzcoanos Zabala e

Iturbide, que integraban la parte civil de la trama. El sector "uniformado" (policías y militares) salió indemne a pesar de las pruebas que existían de su participación. En definitiva, Zabala e Iturbide fueron los chivos expiatorios, los actores secundarios, que sirvieron como escudo para parar posibles indagaciones con el fin de que los actores principales quedaran a salvo.

A partir de 1980 se produjo una disminución gradual y significativa de las acciones indiscriminadas o abusivas cometidas por grupos parapoliciales o fuerzas de seguridad. Este primer tipo de guerra sucia terminó tras la intentona golpista del 23F (1981), que muy posiblemente obligó al Gobierno a poner mayor atención en el control de los aparatos del Estado. Las incursiones de policías uniformados —típicas de finales de los setenta—, que entraban amenazantes en establecimientos públicos, desaparecieron. También cesaron casi por completo las actividades armadas parapoliciales en el sur de Francia. No en vano, un informe de 1979 de los servicios secretos sobre la lucha contra el terrorismo desaconsejaba su empleo por las repercusiones negativas que desde el punto de vista social tendría y porque podría degenerar en una especie de bandolerismo. En el informe del Centro Superior de Información de la Defensa (CESID) se dice que:

> "No puede pensarse", afirma, "que el contraterrorismo subterráneo sea la solución pragmática del problema terrorista, sólo sujeta al inconveniente de pasar por encima de principios éticos o de la ortodoxia del Estado de Derecho. Porque, en un plano puramente pragmático, no puede olvidarse que lo que realmente se disputa es el apoyo de la sociedad y esos principios éticos y esa ortodoxia son el verdadero punto de apoyo en que la sociedad asienta su adhesión al Poder" [...]. Si, pese a todo, se decide emplear la guerra sucia, el CESID aconseja, "entrar y salir muy rápidamente en este terreno y conseguir una realización técnica impecable y sin fisuras. Incluso así", agrega, "será difícilmente positivo cara al apoyo social y, en todo caso, habrá iniciado un camino altamente peligroso si la tentación se repite con alguna frecuencia" (*El País*, 10 de septiembre de 1995).

Con la disminución de las acciones indiscriminadas o abusivas por parte de algunos sectores de las FSE se produjo una notable mejora en la calidad de la democracia, mejora empañada por la muy escasa investigación sobre quiénes habían formado parte de esta trama. Una supuesta razón de Estado parecía ser el argumento para tapar los delitos.

La guerra 'sucia'

La expresión *guerra sucia* no es, en realidad, más que un hipócrita eufemismo para designar actividades criminales que se revisten de terminología militar con el inútil propósito de hacerse perdonar su infamia y de acogerse a la protección, supuestamente ennoblecedora, de los móviles políticos. Los patrocinadores de esta barbarie no hacen sino ocupar un lugar simétricamente opuesto al de los terroristas, que también tratan de presentar sus asesinatos como operaciones bélicas (no en vano ETA incorporó el término *militar* a sus siglas) y que se perdonan a sí mismos sus sanguinarias actuaciones con la coartada de los objetivos políticos. Unos y otros están unidos por su sucio culto a la violencia, a la venganza y al crimen. Unos y otros sustituyen las normas y los valores de una sociedad civilizada por la ley del Talión y los usos de la barbarie. Unos y otros representan simples variantes de un mismo fenómeno terrorista.

Fuente: *El País,* 21 de diciembre de 1983.

ACTIVIDAD 3

El autor del texto anterior plantea que la "guerra sucia" y el terrorismo de ETA "ocupan lugares simétricamente opuestos". ¿Qué crees que quiere decir con esta afirmación? ¿En qué argumentos se basa para hacerla?

Según este artículo de opinión, la guerra sucia y el terrorismo de ETA son igualmente despreciables. ¿Estás de acuerdo? ¿Por qué?

3. LA SEGUNDA GUERRA SUCIA (1983-1987): LOS GRUPOS ANTITERRORISTAS DE LIBERACIÓN

SUS ORÍGENES

El aplastante triunfo del PSOE en las elecciones de octubre de 1982 abrió un nuevo tiempo político repleto de ilusión debido al cambio que esta fuerza política prometía. Sin embargo, este clima no se trasladó a Euskadi, que continuó abatida por la violencia terrorista. ETA no tardó en descalificar y rechazar al nuevo Gobierno y continuó con su intensa actividad armada. Entre los años 1982 y 1987 asesinó a un total de 273 personas, lo que intensificó la tensión política y la crispación de la opinión pública. Tras el fallido golpe de Estado del 23F, ETA pasó a erigirse en el principal problema de la democracia española.

En este clima, en octubre de 1983, ETA secuestró y asesinó al capitán de farmacia Martín Barrios, lo que provocó un profundo rechazo social. La reacción del Ejército fue inmediata. Altos mandos del mismo visitaron al presidente Felipe González y al ministro de Defensa Narcís Serra para exigirles una respuesta rápida y contundente. El Estado se mostraba impotente para poner freno a las acciones de la banda (45 asesinatos en 1983), a lo que se añadía la falta de colaboración de Francia que en aquel momento daba cobijo a los miembros de ETA y se oponía a las extradiciones de etarras solicitadas por la justicia española. En aquella época, Francia era un "santuario" para ETA: sus militantes podían cometer acciones delictivas en España, sabiendo que, en cuanto pasaran la frontera, cesaría la persecución y se moverían en este territorio sin restricciones.

Entonces surgió la idea de recuperar la guerra sucia que había cesado en 1981, si bien con unas características distintas y con unos objetivos mejor definidos. Un informe de los servicios secretos (CESID), fechado en julio de 1983, representa una especie de acta fundacional de los GAL (*El País*, 8 de septiembre de 1995). En este escrito se mostraban distintas alternativas para actuar violentamente en el sur de Francia, recomendándose como instrumento más adecuado el secuestro de etarras. Más contundente fue una nueva nota, también del CESID, unos meses más tarde, en septiembre, en la que ya se planteaba la intervención de guardias civiles y mercenarios, aunque los servicios secretos parecían ponerle objeciones porque podría interferir en las actuaciones que el propio servicio de inteligencia estaría preparando (Iruin, 2001: 101). En resumen, la idea era poner en marcha otra vez un contraterrorismo que combatiera a ETA con sus mismas herramientas, actuando de manera ilegal y violenta para golpearla allí donde se sentía segura, en el sur de Francia.

> De fuente totalmente segura, se sabe que están previstas realizar acciones violentas en el Sur de Francia en fechas inmediatas. Estas acciones se llevarían a cabo por miembros de la Guardia Civil que actuarían respaldados por la Comandancia de San Sebastián. Estas acciones se harían en paralelo con otras llevadas a cabo por individuos contratados en Francia. La selección de objetivos es inmediata. Se considera que acciones incoordinadas sin una finalidad ulterior, no facilitan el éxito en la lucha contraterrorista. Al contrario, sensibilizan la Zona y dificultan otras acciones ya planificadas y con una finalidad más decisiva (CESID en Iruin, 2001: 101).

El secuestro y asesinato de Martín Barrios precipitó lo que ya se estaba incubando, de manera que en ese mismo mes de octubre de 1983 se produjo la primera acción contraterrorista de esta segunda fase con el secuestro de dos jóvenes miembros de ETA, Josean Lasa y Joxi Zabala, que fueron asesinados y enterrados con cal viva. Sus cuerpos fueron identificados doce años después con signos evidentes de haber sido brutalmente torturados.

Visto en retrospectiva, llama la atención el amplio apoyo que tuvo en la sociedad española aquel contraterrorismo, tanto entre las fuerzas políticas como en medios de comunicación o en la población en general. El hastío, la irritación y la percepción de que no se podía acabar con ETA provocaron esa visión tolerante, comprensiva e incluso justificadora de la guerra sucia. Como decía Patxo Unzueta, "a fines de los 70 muchos políticos y muchísimos particulares pensaban que para acabar con ETA había que aplicarle la ley del talión" (*El País*, 24 de diciembre de 1999). Por su parte, Pedro J. Ramírez, destacado periodista que en la década de los noventa se caracterizó por revelar los entresijos de los GAL, mantenía en ese momento, a través de *Diario 16*, una línea editorial en la que reclamaba la puesta en marcha de medidas ilegales contra la organización terrorista:

> Frente al siniestro engranaje montado en torno al santuario francés, el Estado tiene legitimidad moral para recurrir a veces a métodos irregulares. [...] O ellos o nosotros. Por eso hay que terminar con ETA de la forma que sea (*Diario 16*, 20 de septiembre de 1983).

Incluso, Joseba Elosegi, miembro del PNV y destacado resistente frente al franquismo, llegó a decir que contra ETA:

> Los procedimientos tienen que ser de fuerza. No se les puede derrotar jugando al mus, ya que ellos no quieren jugar al mus. Hay que buscarles en su campo, pero sin soluciones extremas al estilo de las dictaduras. La fuerza no entiende más que la fuerza, pero sin que esto implique la participación de elementos que quieren destruir todo lo logrado. Hay que hacer que el pueblo entienda que no hay solución por este camino (*Naiz*, 28 de junio de 2023).

En la sesión del Congreso del 3 de noviembre de 1983, el entonces presidente del Gobierno, Felipe González, preso de la conmoción por el asesinato de Martín Barrios, explicó la política antiterrorista que el Ejecutivo iba a seguir en unos términos que parecían insinuar que la guerra sucia era una herramienta legítima para defender la democracia y las libertades ciudadanas.

Discurso de Felipe González en el Congreso de los Diputados

"[…] A cada paso, gigantescos en términos históricos, para la consolidación de un Estado de Derecho que comporte la definitiva instalación de los valores a los que he hecho referencia, se ha venido produciendo una respuesta por las bandas terroristas con la negación permanente de *esos* mismos valores. A la amnistía generosa se le respondió con el asesinato y con la muerte; a la Constitución se le respondió con el asesinato y con la muerte; a la Constitución de los Estatutos de Autonomía se le respondió con los asesinatos, la extorsión y la violencia; a la supresión de la pena de muerte se le respondió irrogándose las bandas terroristas de fanáticos el derecho a matar por su propia cuenta, el derecho de suprimir la vida de las personas. […] La obligación del Gobierno que presido […] así como la de todas las instituciones y poderes del Estado es la de poner en marcha todos los mecanismos de defensa que sean precisos para impedir que el cáncer de la violencia siga golpeando sobre la conciencia nacional. Desde esta perspectiva, el Gobierno quiere anunciar a la Cámara y al país que entiende como excepcional el comportamiento de las bandas terroristas y de los grupos que les sirven de apoyo, y desde esta perspectiva, también, aplicará como excepcionales para combatirlos todas las medidas dirigidas por ello exclusivamente hacia estas bandas terroristas y hacia aquellos que las apoyan.

[…] No voy a caer en ninguna tentación de declaraciones de guerra ni tampoco en la tentación de tratamientos excepcionales respecto de aquellos ciudadanos que nada tengan que ver con el fenómeno terrorista. Al contrario, como Gobierno mantendremos con firmeza el desarrollo de las libertades individuales y colectivas que se desprenden de la voluntad constituyente, y al mismo tiempo excepcionaremos de ese desarrollo a aquellas minorías que quieren acabar violentamente con ese marco de libertades […]".

Fuente: Sesión Plenaria nº 6 celebrada el 3 de noviembre de 1983, Diario de Sesiones del Congreso de los Diputados.

En aquella ocasión, solo el diputado de Euskadiko Ezkerra, Juan Mari Bandrés, y el del Partido Comunista, Santiago Carrillo, se manifestaron en contra.

Discurso de Juan Mari Bandrés en el Congreso de los Diputados

"Primero, señor Presidente del Gobierno, no caigan en la tentación —espero que no lo hagan— de acciones represivas indiscriminadas y masivas; no se dediquen a unos registros indiscriminados, a detenciones generalizadas, a controles que molestan a la población civil y que no sirven para nada. [...]

Un 'no' terminante a cualquier maltrato, a cualquier tortura y un control de los Gobernadores civiles que tienen responsabilidad personal sobre este tipo de asuntos.

[...] No caigan —y espero que no caerán— en la tentación de una guerra sucia; la ilegalidad es patrimonio del delincuente. El Estado democrático se mueve dentro de unos límites que no puede traspasar y que hay que respetar. Esa es la grandeza en realidad del poder público en un Estado democrático.

[...] Exijan un comportamiento democrático, sinceramente constitucional, absolutamente profesional a la Policía. [...]

Discurso de Santiago Carrillo en el Congreso de los Diputados

"Señor Presidente, señoras y señores Diputados, quiero empezar [...] diciendo que comprendo e incluso comparto el tono dramático puesto en su discurso de hoy por el Presidente del Gobierno, porque el peligro del terrorismo evidentemente es muy grave y lo es más todavía porque nuestra democracia es aún frágil. Comprendemos el dramatismo y yo digo ya desde ahora que apoyaremos todas las medidas que estén dentro de la Constitución.

[...] En cuanto a las medidas concretas que anuncia el Gobierno, esperamos a conocerlas y, de antemano, decimos al Jefe del Gobierno que todas aquellas que estén dentro de la Constitución, dentro de la Ley, dentro del respeto a las libertades democráticas, tendrán nuestro apoyo. Pero nos inquieta también la afirmación de que no se va a dejar vivir tranquilos a los que amparen el terrorismo, porque esa es una afirmación muy vaga. Si se considera que 140.000 —creo—

La opinión pública varía, no es irreversible. Ellos juegan con que ustedes cometan errores. No puedo leerles el último número del diario *Egin*, en el que alguien de Herri Batasuna hacía unas declaraciones en las que señala que están bajando y auguran ún nuevo descenso electoral, pero, matizando, salvo que los errores —dicen ellos— de Barrionuevo y del Gobierno concedan un protagonismo favorable. No caigan en ese error. ETA quiere que ustedes caigan en esa provocación, que ustedes realicen actos que convoquen otra vez al pueblo en torno a ellos, y esto hay que evitarlo totalmente".

Fuente: Sesión Plenaria nº 6 celebrada el 3 de noviembre de 1983, Diario de Sesiones del Congreso de los Diputados.

votantes de Herri Batasuna amparan el terrorismo, eso puede dar origen a una represión indiscriminada que aumenta la base social del terrorismo en vez de disminuirla [...].

Yo quiero terminar diciendo que de todas estas medidas nos preocupa que no haya habido ninguna alusión concreta de condena contra la guerra sucia; la guerra sucia sería un peligro que aumentaría todavía más el terrorismo [...]".

Fuente: Sesión Plenaria nº 6 celebrada el 3 de noviembre de 1983, Diario de Sesiones del Congreso de los Diputados.

ACTIVIDAD 4

Algunas personas consideran que el discurso de Felipe González sugiere la justificación del comienzo de una segunda fase de la guerra sucia contra ETA. ¿Puedes identificar en el discurso los fragmentos o el lenguaje que dan pie a esta interpretación?

Los discursos de Bandrés y Carrillo cuestionan desde una perspectiva ética el uso de la guerra sucia. ¿Cuáles son sus argumentos? ¿Qué piensas tú sobre ellos?

Estos mismos discursos advierten sobre posibles consecuencias prácticas no deseadas de la guerra sucia. ¿Cuáles son? ¿Sabes si esos efectos se produjeron?

CARACTERÍSTICAS

La puesta en marcha de esta nueva expresión de contraterrorismo fue sencilla pues seguía intacta la estructura que había operado bajo la UCD. Los servicios secretos mantenían sus contactos y se seguía contando con los mercenarios extranjeros empleados en la primera etapa. Sin embargo, hay un elemento muy distinto respecto al contraterrorismo de la primera fase. Los GAL fueron impulsados desde el Ministerio del Interior, entonces presidido por José Barrionuevo, y financiados con fondos reservados, es decir, con recursos públicos destinados a la lucha contra el terrorismo y el narcotráfico. Por falta de pruebas no se puede determinar hasta dónde llegó la responsabilidad gubernamental y si el presidente Felipe González estuvo implicado, aunque en cualquier caso supuso una gravísima vulneración pues el Gobierno socialista no veló como debiera por el mantenimiento del Estado de derecho. Ramón Jáuregui, dirigente de este partido, resumía en una frase la posición de los socialistas: "Una sensación de no querer saber nos invadió a todos" (Muñoz Molina, 2018: 63).

Mientras el primer contraterrorismo sigue aún hoy en día preso de la opacidad, sobre los GAL se dispone de una abundante información gracias tanto a la labor judicial como a la periodística. En los GAL confluyeron tres colectivos diferentes que actuaron autónomamente, aunque con un cierto grado de coordinación a través de un comité de enlace y liderados por el Ministerio del Interior: guardias civiles del cuartel de Intxaurrondo de Donostia (el GAL verde), policías de la comisaría de Bilbao y mercenarios (el GAL azul) y agentes de los servicios secretos (el GAL marrón). Este contraterrorismo estaba organizado y presidido por funcionarios del Estado, que eran los que señalaban los objetivos y diseñaban los atentados, aunque luego fueron mercenarios los que en su mayor parte ejecutaron las acciones.

FIGURA 1

MIEMBROS DE LOS DISTINTOS TIPOS DE GRUPOS ANTITERRORISTAS DE LIBERACIÓN

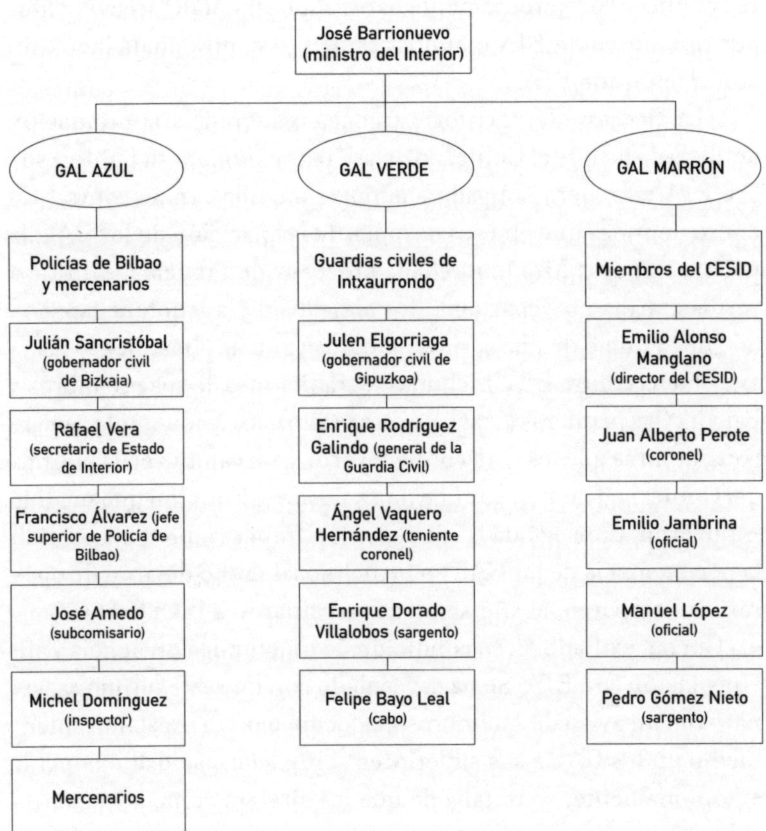

Fuente: Elaboración propia de acuerdo a datos extraídos de *El Confidencial*, 15 de octubre de 2023.

Los GAL operaron entre 1983 y 1987. Sus acciones terroristas se llevaron a cabo en el sur de Francia, a excepción del asesinato de Santi Brouard, pediatra y miembro de la mesa nacional de Herri Batasuna (HB), que tuvo lugar en Bilbao. Durante este tiempo asesinaron a 27 personas, de las cuales el 40% no guardaba relación alguna con ETA y su entorno, e hirió a un número similar. En alguno de estos casos los GAL reconocieron su error, pero en su mayoría fueron debidos a una deliberada política de atentados indiscriminados con el fin de atemorizar también a la población francesa para que la presencia de ETA en su territorio les resultara incómoda y presionasen a su Gobierno. Las acciones más selectivas de los primeros años fueron dando paso a atentados en lugares públicos (preferentemente bares supuestamente frecuentados por miembros de ETA o simpatizantes) o contra ciudadanos sin vinculación con ETA.

La elección del territorio francés respondía a la pretensión deliberada de que el Gobierno de ese país cambiara su política sobre ETA y se viera obligado a adoptar medidas en su contra. En enero de 1984, unos meses después de la aparición de los GAL, la policía francesa hizo una redada en el sur de Francia y confinó a varios etarras en departamentos alejados de la frontera española. Fue el inicio de una serie de medidas que implicaron a Francia en la lucha contra ETA, incluidas extradiciones de sus miembros a España (las primeras en agosto de ese año). En este sentido, puede considerarse que los GAL contribuyeron a un cambio en la política del Gobierno francés, aunque no se puede calibrar en qué medida influyeron. Conseguida la colaboración francesa, no tenía sentido la permanencia de los GAL y a principios de 1986 dejaron de operar. Sin embargo, al año siguiente asesinaron a Juan Carlos García Goena, exiliado en su condición de objetor de conciencia y sin vinculación con ETA. Se ha especulado con que este último asesinato fue un aviso de miembros que ocupaban un escalafón intermedio en los GAL a sus superiores sobre su capacidad de operar autónomamente; se trataba de que les sirviera como advertencia sobre el riesgo que corrían si abandonaban las acciones violentas y les dejaban sin protección.

EL AMPARO DEL ESTADO

Durante el tiempo en que los GAL funcionaron no se detuvo a ningún miembro relevante de esta organización. Era un entramado que gozaba de una protección no declarada por parte del Estado, que se traducía en la ausencia de investigaciones policiales sobre los indicios existentes en torno a los delitos que estaban cometiendo. No es que no hubiera detenciones, sino que estas solo afectaban a los activistas de segunda fila, a los soldados de a pie, a los mercenarios a sueldo o a ultraderechistas nostálgicos. Lo que no se hizo fue emprender investigaciones que pudieran mostrar la complicidad de los aparatos del Estado por las consecuencias que de ello se podrían derivar. Así ocurrió con la detención de Daniel Fernández Aceña (1984), un miembro ejecutor de los GAL, ya que no se indagó en las pistas que proporcionó su declaración. Este comportamiento obstruccionista y negacionista se justificaba apelando a una supuesta "razón de Estado" en función de la cual era preciso encubrir los comportamientos ilícitos e inmorales que se producían si con ello se salvaguardaba la efectividad y la credibilidad de la lucha antiterrorista. Sin embargo, esgrimir la "razón de Estado" para legitimar la guerra sucia contra ETA no hacía sino erosionar los fundamentos de un Estado de derecho que debía proteger los derechos y libertades de toda la ciudadanía, incluso de quienes atentaban contra él.

Consideraciones finales del fiscal Jesús Santos en la causa del asesinato de Lasa y Zabala

Santos atacó la razón de Estado y dijo: "La actividad desplegada por los GAL desde 1983 a 1986 nos hizo retroceder al siglo XVI, a la praxis de la teoría política de Maquiavelo, según la cual la ley, la moral y el derecho son para el pueblo, pero no para el gobernante", que está por encima de la ley y para el que prima la razón de Estado.

"Los policías deben proteger a la colectividad de los actos violentos y delictivos y por ello deben ser los primeros garantes de la legalidad", resaltó Santos. Y añadió:

Testimonio de Javier Gómez de Liaño, juez instructor del caso Lasa y Zabala

"Yo hice la inspección ocular en el palacio de la Cumbre… Cómo eran estos chicos torturados… fueron masacrados. Nunca entendí la persona del torturador.

El gran argumento que se venía […] ofreciendo en España para justificar los GAL era la razón de Estado. Se esgrimió ese argumento, incluso hubo alguien que me llegó a reprochar, posiblemente de una forma pacífica, incluso me atrevería a decir que amical, que es que, a los jueces, a algunos jueces nos faltaba el sentido

"Toda eficacia policial debe enmarcarse dentro del respeto a la ley y no a extramuros de ella". "Ninguna razón", aseguró, "ni tan siquiera la dramática y cruel presencia de la delincuencia terrorista, puede justificar ninguna ilegalidad, y, a la postre, tiene el riesgo de convertirse en argumento adicional a las obscenas explicaciones o justificaciones de la dialéctica terrorista". "Cuando la autoridad pública, alejándose de su misión, vulnera la ley", concluyó, "corrompe los cimientos en que se apoya y afecta gravemente a la institución que representa". Fuente: *El País,* 24 de marzo de 2000.	de Estado. Y, claro, la respuesta, mi respuesta fue modesta, pero fulminante: 'Es que por delante de la razón de Estado está la razón de justicia'". Fuente: *El Confidencial,* 15 de octubre de 2023.

ACTIVIDAD 5

En estas dos declaraciones, sus autores diferencian nítidamente entre razón de Estado y Estado de derecho. Tras leer cuidadosamente los dos textos:

- Sintetiza qué significa cada uno de los dos conceptos.
- ¿Por qué los autores argumentan que no se debe priorizar la razón de Estado sobre el Estado de derecho?
- ¿Qué implicación tiene este argumento para la deslegitimación de la guerra sucia contra ETA?

Frente a las limitaciones de las investigaciones policiales, primero los periodistas y, después, los jueces abrieron el camino para aclarar lo que había tras los GAL y sus responsables. Como resultado, a lo largo de los años noventa fueron detenidos y condenados no solo los cargos intermedios del GAL azul, como los comisarios José Amedo y Michel Domínguez, sino también los máximos responsables del Ministerio del Interior, incluido el ministro José Barrionuevo y el secretario de Estado para la Seguridad, Rafael Vera. Simultáneamente, la identificación en el año 1995 de los cuerpos de Lasa y Zabala permitió indagar sobre el GAL verde y depurar las responsabilidades que correspondían al cuartel de Intxaurrondo, con el general Enrique Rodríguez Galindo a la cabeza.

De todos modos, una vez que el aparato judicial hubo actuado, imponiendo penas de cárcel más o menos severas según las pruebas disponibles, intervino de nuevo la "razón de Estado". El PSOE y el PP mostraron una actitud comprensiva hacia los condenados e introdujeron medidas para aliviar o dejar casi sin efecto esas condenas. Igualmente, fue elocuente el apoyo simbólico que Felipe González prestó públicamente a Barrionuevo y a Vera en septiembre de 1998, cuando les acompañó en el momento de su ingreso en prisión. "González dio las gracias a los miles de personas que se habían congregado en Guadalajara para despedir a 'Pepe' y 'Rafa' y aseguró que ellos iban a cumplir con su deber, aunque su ingreso en prisión supone que 'hoy se está cometiendo un paso más de una injusticia'" (*El Confidencial*, 15 de octubre de 2023). Barrionuevo, condenado a diez años, fue indultado por el Gobierno del Partido Popular, de manera que pasó solo tres meses y medio en la cárcel; el general Galindo, condenado a 75 años, solo estuvo cuatro, siendo excarcelado en 2004 por motivos de salud (falleció en 2021 víctima del COVID); el gobernador civil de Gipuzkoa, Julen Elgorriaga, que también fue condenado por el caso Lasa y Zabala a 75 años, no llegó a pasar un año en prisión y también accedió a la libertad condicional por motivos de salud.

ACTIVIDAD 6

Visiona la entrevista que el periodista Iñaki Gabilondo le hizo a Felipe González en 1995 tras la detención de José Barrionuevo y Rafael Vera, imputados por sus presuntas responsabilidades en la creación y actuaciones de los

GAL. En esta entrevista, el entonces presidente del Gobierno niega la responsabilidad de cualquier miembro de su Ejecutivo. Posteriormente, cuando Gabilondo le dice que dos de las principales figuras de la lucha antiterrorista están siendo investigadas, apela a la presunción de inocencia y no plantea la necesidad de una investigación a fondo que clarifique las responsabilidades. Después, afirma tener la misma información que cualquier otro ciudadano y, acto seguido, alega que no entiende por qué se espera de él que tenga más información. Por último, niega rotundamente ser el "señor X" de los GAL.

Desde el punto de vista ético y político, en un Estado de derecho, el posicionamiento de Felipe González puede resultar problemático por distintas razones. ¿Por qué? ¿Pueden los responsables políticos eludir sus responsabilidades alegando "desconocimiento de los hechos"? ¿Se puede convertir una mala utilización de la presunción de inocencia en una coartada para la impunidad de determinados delitos amparados por las estructuras del Estado?

Puedes ver el vídeo en https://lc.cx/a_ap4D.

Los jueces pudieron hacer su trabajo, pero luego el Ejecutivo lo enmendaba. Los años noventa fueron una época durante la cual un sector muy significativo del aparato del PSOE erosionó la división de poderes al atacar al poder judicial y comprometer su independencia. Como señalara un conocido y prestigioso periodista, Javier Pradera, los socialistas consideraban que la guerra sucia estaba moralmente justificada si servía para salvar vidas y, bajo esa consideración, los jueces, al hacer cumplir la ley, eran un incómodo estorbo (Woodworth, 2002: 396).

SU ENTRAMADO POR DENTRO

Las investigaciones sobre los GAL revelan la complejidad y opacidad de su entramado dada la diversidad de elementos implicados, a saber, servicios de espionaje, jefes de la Policía, mandos de la Guardia Civil, cargos ministeriales, etc. Pero, además, muestran la sordidez y falta de escrúpulos de sus miembros, su baja catadura moral, porque no solo violaron las normas más elementales de comportamiento como funcionarios públicos de un Estado democrático, sino que, en muchos casos, su forma de proceder derivó en una búsqueda de un lucro económico personal.

Todo empezaba por los elegidos para cometer los asesinatos, por lo general mercenarios a sueldo escogidos entre delincuentes de los bajos fondos de las zonas francesas de Pau y Marsella o de Portugal. Dada su escasa preparación, no es extraño que se dieran situaciones que pueden considerarse grotescas y chapuceras, aunque se trataran de delitos de extraordinaria gravedad. Por ejemplo, el secuestro de Segundo Marey: los dos mercenarios encargados del rapto de un dirigente de ETA (Mikel Lujua) se equivocaron de persona y capturaron a Marey en su lugar. Otro caso fue el del mercenario portugués Paulo Figueiredo. Tras cometer una acción delictiva, en vez de coger un vehículo para escapar, fue a tomar el tren para "ahorrar" y allí fue detenido tras ser seguido por un transeúnte; por si esto fuera poco, se le localizó con el arma empleada, que había guardado como "recuerdo". Años más tarde, Figueiredo declaró que "los GAL no éramos una guerrilla, sino unos asesinos y punto" (*Público*, 31 de mayo de 2013), unos asesinos que, según su declaración, cobraban 60.000 euros por cada muerte.

Aunque al principio hubo acciones terroristas cuidadas, con pericia y buena información (las atribuidas a la Guardia Civil), pronto se pasaron a intervenciones más imprecisas y mal ejecutadas que facilitaban la detención de los mercenarios. Al comisario Amedo —uno de los principales reclutadores— no le importaba acudir a mercenarios inexpertos, "que disparaban sin saber"; lo importante era, bajo su punto de vista, que se produjera daño y que las acciones tuvieran repercusión. Es más, según declaró en sede judicial el citado Figueiredo, Amedo les reprendió en una ocasión por no haber disparado en un establecimiento donde había mujeres y niños.

A medida que se fue investigando la naturaleza de los GAL, se fue desvelando cada vez más el carácter turbio de la trama en la que podían localizarse a funcionarios que habían sido condenados por delitos comunes (por ejemplo, los guardias civiles Enrique Dorado y Felipe Bayo), que habían formado parte de mafias de contrabando o, a otro nivel, que grababan a sus superiores sin su consentimiento; este último fue el caso del general de la Guardia Civil Enrique Rodríguez Galindo, grabado por un doble agente de la Guardia Civil y del CESID, Pedro Gómez Nieto. Por si fuera poco, con frecuencia, los reclutadores, miembros de la Policía Nacional o de la Guardia Civil, se quedaban con una parte del dinero asignado para pagar a los mercenarios. Pero no solo ellos. Los sobresueldos, así como el enriquecimiento por apropiación indebida de los fondos reservados del Ministerio del Interior, fueron algo común y afectó a los más altos cargos de ese ministerio inmersos en la guerra sucia. Así fue reconocido por el que fuera director de Seguridad, Julián Sancristóbal, o el segundo de Barrionuevo, Rafael Vera, condenado por un delito continuado de malversación de caudales públicos. "La sentencia de la Audiencia Provincial de Madrid dio por probado que Vera 'dio dinero a todo el mundo' y desvió para sí una 'importantísima cantidad' para la adquisición y mejora de fincas por un monto superior a los 141 millones de pesetas" (*El País*, 17 de febrero de 2005).

> "Hay quien habla de los fondos reservados como si aquello hubiera sido el tesoro de Aladino", dijo con cierta ironía despegada Rafael Vera el día de su interrogatorio. Por las cantidades que enumeran los expertos del Banco de España, resulta que nada más que en 1983 se gastaron mil doscientos cuarenta y seis millones de pesetas, lo cual puede que no sea el tesoro de Aladino o de Ali Babá, pero sí da indicios de un botín capaz de despertar la codicia de los cuarenta ladrones. La gran cloaca del dinero discurre bajo las palabras dichas en voz alta y los acontecimientos visibles, emerge en la respetabilidad aséptica de las cuentas suizas o tiene un tacto viscoso de dinero pagado a un confidente, a un subordinado leal, a un pistolero. Lo que no aparece ya es la maleta con el millón de francos, la maleta que, según Julián Sancristóbal, vino de Madrid y que ayudó a sufragar los gastos del secuestro de Segundo Marey, la misma maleta de la que José Amedo dice haber sacado el dinero con el que pagó a los mercenarios en la habitación de un hotel taurino de Bilbao (Muñoz Molina, 2018: 87).

ACTIVIDAD 7

Visiona el testimonio de José Amedo sobre la guerra sucia. En él se encuentran dos tipos de consideraciones: por una parte, en el plano pragmático, Amedo valora las razones por las que se crearon los GAL, las consecuencias positivas que, a su juicio, tuvieron sus acciones y el error que supuso involucrar en ellas a miembros de las Fuerzas de Seguridad del Estado; por otra parte, en tres momentos distintos de la entrevista, Amedo relativiza la posibilidad de hacer juicios éticos sobre la legitimidad de la guerra sucia. ¿Cuáles son sus principales argumentos? ¿Estás de acuerdo con ellos? ¿Por qué? Puedes ver el vídeo en https://lc.cx/QmDw2C.

El proceso de desvelamiento y desmantelamiento de los GAL se aceleró con la entrada en el Gobierno socialista del juez Juan Alberto Belloch ocupando las carteras de Interior y de Justicia. Formó un nuevo equipo, con la también jueza Margarita Robles como secretaria de Estado de Interior, el juez Juan Luis Ibarra como secretario general técnico en Justicia y con Juan Mari Jáuregui como gobernador civil de Gipuzkoa. Impulsaron una nueva política en la que se relegó la razón de Estado en favor de la idea del Estado de derecho. Desde un principio dejaron claro que no iban a favorecer el ocultamiento de los GAL desde su parcela ministerial o gubernativa, sino que promoverían su investigación. De este modo, se produjo una lucha entre dos sectores del Estado: la ligada a los GAL trató de infundir miedo y de intimidar a la otra. Fue habitual la amenaza a testigos, cuando no la agresión o el soborno (50 millones de pesetas a un testigo protegido) para que no declararan o para que se retractaran. Se extendió el miedo entre aquellos que querían esclarecer las entrañas de los GAL. Así, el responsable de la Policía Judicial, Enrique de Federico, encargado de llevar el caso Lasa y Zabala, pidió protección para su familia una vez que asumió la investigación y contó en sede judicial que una de sus hijas recibió amenazas y que trataron de entrar en su domicilio; antes ya había denunciado que él y sus agentes habían sido amenazados, precisando que tales amenazas provenían de personas investigadas o de la Guardia Civil:

> Tuve que soportar grandes presiones por parte de Interior y amenazas de miembros de las fuerzas de seguridad [...]. Me di cuenta de que desde la Guardia Civil no íbamos a encontrar ninguna ayuda y decidí ponerlo en conocimiento de mis superiores. Era un hecho que a todos aquellos que intentábamos esclarecer lo ocurrido se nos ponían trabas. No solo eso, estábamos en peligro. No solo nosotros, sino todo aquel que quisiera investigar lo sucedido, que tratara de rascar donde otros no querían que se rascara. A Antonio Rubio, recuerdo, por las amenazas recibidas, le puse escolta policial (*El Confidencial*, 15 de octubre de 2023).

Asimismo, cuando Amedo y Domínguez empezaron a delatar en el juzgado a sus antiguos jefes, el juez Garzón decidió sacarles de la cárcel alegando que estaban en peligro y que había un riesgo cierto para su integridad (*El País*, 22 de diciembre de 1994). Las antiguas estructuras de los GAL, sobre todo las de la Guardia Civil, parecían dispuestas a todo con tal de entorpecer las investigaciones y evitar testimonios en su contra. Este clima de intimidación y de amenaza lo refleja con claridad Maixabel Lasa, viuda de Juan Mari Jáuregui, cuando reflexiona sobre sus vivencias en su residencia oficial en el palacio de la Cumbre y muestra los temores de su marido en la etapa en la que fue gobernador civil de Gipuzkoa.

Testimonio de Maixabel Lasa, viuda de Juan Mari Jáuregui y exdirectora de la Oficina de Atención a las Víctimas del Terrorismo del Gobierno Vasco

"Desde el primer momento en que Jesús Egiguren le propone a Juan Mari ser gobernador civil de Gipuzkoa para sustituir a José María Gurruchaga era consciente de que no a todos los socialistas les parecía adecuado su nombramiento. En vísperas de tomar posesión de su cargo, recibió una llamada telefónica instándole a no acceder al puesto.

Hay que decir que Juan Mari era un incansable defensor del Estado de derecho y un firme defensor de los derechos humanos, de todas las personas, también de los detenidos de ETA.

Fue un gobernador atípico, su discurso en la investidura fue en euskera y castellano, invitó a toda la prensa, no solo a los habituales en el Gobierno Civil.

Durante el tiempo que ocupó su cargo, tuvimos varios sucesos preocupantes en el palacio de la Cumbre (lugar de nuestra residencia). Me referiré a dos de ellos.

1. Salgo de la Cumbre para ir a Legorreta y me encuentro en las escaleras que sale humo del primer piso (desde una garita de la Guardia Civil). Contacto con el responsable de mantenimiento de la casa y se lo comento. Cuando vuelvo a la Cumbre, está todo resuelto.

2. Otro día, vuelvo de Legorreta, no hay luz en el piso superior, donde vivimos. Hay que preparar la cena y pienso en utilizar el *txoko*, situado en el semisótano. Abro la puerta y me encuentro con un olor a gas insoportable, sabía que en esas situaciones no se podía dar al interruptor de la luz, ni encender una linterna. Bajé a tientas y me encontré con los cuatro mandos de la cocina del gas abiertos a tope, los cerré, abrí las ventanas y subí arriba. Los mandos de gas no se abren solos, esto estaba preparado para hacernos desaparecer.

¿Qué explicaciones dio la Guardia Civil, responsable del mantenimiento de la seguridad de la Cumbre? ¡Ninguna! Por algo me dijo Juan Mari, cuando vino de testificar en el caso Lasa y Zabala: 'No sé quién me va a matar, si ETA o Galindo'".

Fuente: Testimonio inédito de Maixabel Lasa para este libro.

Hemos descrito las limitaciones de la respuesta del Estado ante la guerra sucia, así como el clima de intimidación recurrente que experimentaron quienes, por diversos motivos, quisieron desvelar lo que había sucedido. No obstante, si tenemos en cuenta lo ocurrido en otros países europeos donde también existió guerra sucia como en Francia, Reino Unido o Alemania, en España se realizaron investigaciones, se practicaron detenciones y se obtuvieron condenas que no se dieron en ninguno de los otros tres casos. Como señala Paddy Woodworth, autor del libro más solvente sobre los GAL y experto internacional en esta materia, es meritorio para la [...] democracia española que se haya investigado al GAL hasta este punto, especialmente dada la presión atroz antidemocrática de la estrategia de ETA, imparablemente despiadada e indiscriminada. Pocos países han ido tan lejos a la hora de revelar los secretos nefastos de lo que Felipe González denominó tan eficazmente los "desagües" del Estado [...] (*El País*, 4 de julio de 2003).

Hay quien puede juzgar a los GAL preferentemente en razón al objetivo perseguido (que Francia dejara de ser el "santuario" de ETA), a su eficacia, lo que puede llevar a realizar una valoración positiva, poniendo el acento en su utilidad. Es una consideración errónea pues el Estado salió mal parado al no actuar, o no hacerlo con diligencia, contra este terrorismo, favoreciendo que se pusiera en cuestión su condición y calidad democrática. En este sentido tuvo un efecto perverso, pues dio pie a que ETA y su mundo socializaran uno de los artificios propagandísticos más utilizados: la existencia de dos bandos enfrentados, ETA y España, que, al estar en guerra, permitiría aparcar cualquier tipo de consideración ética. A este respecto, hubo, sí, como hemos visto, dos violencias, pero no dos bandos.

Las diferencias con respecto a ETA de este contraterrorismo en sus dos versiones cronológicas fueron notables: no contó con un apoyo social en el País Vasco frente a lo que ocurría con ETA, que sí disponía de un respaldo significativo; tuvo una existencia temporal limitada; careció de un proyecto político más allá de contrarrestar a ETA e interiorizó su condición ilícita e ilegítima y, por tanto, inmoral. El BVE o los GAL se concebían como una opción coyuntural, para hacer frente al terrorismo devastador de ETA que asesinaba a su antojo, no como una organización estable ni ideológicamente fundamentada. Su sostén y justificación no era una argumentación política, sino el recurso a un sentimiento utilitario y afectivo: vamos a golpear a ETA para que no asesine a más gente inocente. El contraste con ETA es evidente.

4. LA INTOLERABLE PRÁCTICA DE LA TORTURA

La tortura es una de las prácticas más execrables que han existido en la historia de la humanidad. Es una actividad que atenta directamente contra la dignidad humana y no puede justificarse bajo ningún concepto, ni siquiera en situaciones excepcionales o de emergencia. La tortura implica la aplicación de un sufrimiento calculado, administrado para que el cuerpo sufra, pero aguante y suministre la información o confesión deseada. Ciertamente, ha sido una práctica abusiva y recurrente a lo largo de la historia. Hubo que esperar hasta finales del siglo XIX para que distintos regímenes liberales la prohibieran, al menos teóricamente, en el marco de la defensa de los derechos humanos. Sin embargo, en la primera mitad del siglo XX, con la llegada al poder de regímenes no democráticos, especialmente durante el periodo de entreguerras, la tortura se empleó con asiduidad. Por ello, y tras la Segunda Guerra Mundial, empezó a legislarse internacionalmente para prohibir su uso. En 1948, la Declaración Universal de los Derechos Humanos —aprobada por la Asamblea General de la ONU— en su artículo 5 estipula que "nadie será sometido a torturas ni a penas o tratos crueles, inhumanos o degradantes" (ONU, 1948). Sin embargo, no fue hasta la década de los ochenta cuando la ONU aprobó la Convención contra la Tortura, que prohibía expresamente a los Estados el uso de esta práctica (ONU, 1984).

En España, durante el franquismo, la tortura fue una práctica habitual que la Policía empleaba con los detenidos, bien fuera por delitos políticos o por delitos comunes. Es significativo que en el Código Penal de esa época no se contemplara el delito de tortura. La Policía la utilizaba de manera generalizada en toda España, sabiendo que ello no comportaría castigo alguno. Con la llegada de la democracia, la situación jurídico-penal de las torturas cambió, primero incluyendo su condena en el Código Penal, si bien de una manera vaga, y ya de forma solemne en el artículo 15 de la Constitución de 1978 donde se dice: "[...] Todos tienen derecho a la vida y a la integridad física y moral, sin que, en ningún caso, puedan ser sometidos a torturas ni a penas o tratos inhumanos o degradantes" (BOE nº 31, de 29 de diciembre de 1978).

Existe, pues, un marco legal internacional y español en función del cual la tortura queda prohibida. Sin embargo, esta sigue produciéndose y no solo en los países dictatoriales, sino también en los democráticos. Es más, en los últimos años, y como consecuencia del auge del terrorismo internacional, se respira en la opinión pública de estos últimos países un ambiente más complaciente para su empleo o, al menos, para su uso en casos excepcionales. El impacto de las imágenes en la prisión iraquí de Abu Ghraib o en la base militar de Guantánamo no ha supuesto un punto de inflexión y los Estados democráticos, en determinadas circunstancias, las han seguido usando de forma extraoficial. Como recuerda Bowden, en el caso de las torturas, pocos "imperativos morales tienen tanto sentido a gran escala, pero se quiebran tan radicalmente en lo particular" (Bowden en Ignatieff, 2006: 4).

¿Y en Euskadi? Cuando tratamos de responder a este interrogante, nos encontramos con una primera dificultad: su falta de verificación. En cuanto que es una actividad prohibida, los Estados, y en este caso el español, ocultan su existencia y ponen trabas para su conocimiento. Para que la tortura pudiera ser juzgada y sancionada tendría que haber un procedimiento judicial comprobatorio que, con frecuencia, no funciona, bien porque la judicatura no pone el debido celo en su investigación o por falta de pruebas. Como señala un experto en la materia, José Luis de la Cuesta (2021: 145), solo una mínima parte de las denuncias de tortura acaban en condena. Las organizaciones internacionales que investigan la tortura lo hacen sobre la base de que la inexistencia de fallos judiciales no significa que tales hechos no se produzcan. Además, la verdad jurídica no suele ser suficiente, porque no recoge debidamente la dimensión real de la tortura.

Dadas estas dificultades, establecer el alcance de la tortura es muy complejo, más aún cuando se hace un uso partidista del debate en torno a la misma. En Euskadi, la ausencia de métodos rigurosos de verificación permite que unos nieguen la existencia de la tortura y otros denuncien que ha habido miles de torturados y aseguren que es un abuso que se ha aplicado sistemáticamente en la lucha contra ETA, lo que, a su entender, pondría en entredicho el estatus democrático de España. Con las debidas cautelas, pasamos a exponer sintéticamente la que entendemos que es la explicación más verosímil.

Durante la Transición y los primeros años de la democracia, la tortura continuó siendo una práctica habitual de los cuerpos policiales. Como ya se ha visto, cambió el sistema político, pero no los funcionarios y, aunque la Constitución prohibía la tortura, esta siguió siendo empleada por parte de un cuerpo policial acostumbrado a ella sin que la Administración interviniera para atajar su uso. Es más, el empleo de la tortura se vio favorecido por la promulgación de leyes que, concebidas al amparo de la lucha contra el terrorismo, generaban unos espacios de impunidad que facilitaban los abusos policiales. Así, desde 1978 se estableció una legislación específica que permitía a las autoridades mantener al detenido incomunicado durante diez días sin tutela judicial, lo que otorgaba a la Policía amplios márgenes de discrecionalidad y arbitrariedad.

Eran torturas que podían llegar a ser brutales, como lo prueba la dramática muerte, en 1981, de Joxe Arregi, miembro de ETA de 30 años nacido en Asteasu (Gipuzkoa). Arregi fue detenido el 4 de febrero de 1981 en Madrid. Allí permaneció incomunicado durante nueve días en la sede de la Dirección General de Seguridad (DGS) hasta que fue trasladado al hospital penitenciario de Carabanchel, donde murió muy posiblemente como consecuencia de las palizas recibidas. El ministro del Interior, Juan José Rosón, ordenó abrir una investigación fruto de la cual se destituyó a dos mandos y cinco policías entraron en prisión provisional, aunque posteriormente salieron en libertad bajo fianza.

Estas medidas disciplinarias del ministro provocaron la reacción inmediata y desafiante de la cúpula policial con la dimisión de varios altos cargos y la amenaza de otros de dimitir o solicitar el traslado en señal de protesta, llegando a publicarse que hubo una "rebelión de la policía española" solo atajada por la intervención de militares demócratas. Tras un tortuoso periplo judicial, las condenas impuestas fueron exiguas respecto de la gravedad del delito cometido. A ello hay que añadir que, posteriormente, los dos únicos policías condenados fueron indultados y promocionados (Landa, 2008: 39). Estos hechos demuestran la fragilidad del nuevo Estado democrático y su dificultad para doblegar el enquistado problema de los hábitos franquistas en la Policía. Como subrayaba José Manuel Ledesma, inspector de policía y secretario de un sindicato policial, en un artículo de opinión publicado tras la muerte de Joxe Arregi:

> Lamentablemente, la muerte de José Ignacio Arregui Izaguirre ha puesto una vez más sobre el tapete la realidad policial y la necesidad de una profunda reforma en lo que a su infraestructura y política de nombramientos se refiere. Los planteamientos de hace cinco años, en los que participaron todas las fuerzas democráticas de este país, de "ruptura no, reforma sí", al menos en lo que afecta al colectivo policial, han resultado un estrepitoso fracaso y, aunque tarde, todavía estamos a tiempo de que no sólo sea el propio terrorismo, sino ya determinados policías, los que acaben con la democracia en nuestro país (*El País*, 19 de febrero de 1981).

Eran unos cuerpos policiales con una formación profesional muy deficiente y sus logros no se debían tanto a la información previa a las detenciones como a las pruebas que obtenían torturando a los detenidos. En el País Vasco, su estrategia se basaba en realizar detenciones masivas para obtener una información que no conseguirían por otros medios. En este contexto, en 1985 se produjo la muerte de Mikel Zabalza tras ser interrogado por la

Guardia Civil en el cuartel de Intxaurrondo. Zabalza, de 33 años, era natural de Orbaitzeta (Navarra) y trabajaba como conductor de autobuses en Donostia. El 26 de noviembre de 1985 la Guardia Civil le detuvo por supuesta pertenencia a ETA, aunque luego se demostró que no tenía ningún tipo de vinculación con esta. Tras 20 días de búsqueda, el cuerpo apareció en el río Bidasoa. El agente Pedro Gómez Nieto facilitó información al coronel del CESID, Alberto Perote, que señalaba que Zabalza murió en Intxaurrondo como consecuencia de las torturas que le habían infringido (Landa, 2008: 89). No hubo detenciones ni exigencias de responsabilidades por tales hechos, lo que ponía en evidencia que, si las torturas eran una práctica habitual en el franquismo, se continuaban empleando en una democracia ya consolidada.

¿Fue igual el uso de la tortura contra hombres y mujeres? Según un informe del Gobierno Vasco, se ejerció violencia sexual en algo más de uno de cada cinco casos (22,3%) de tortura policial contra hombres y mujeres (Etxeberria, Martín Beristain y Pego, 2017: 169). Pero los patrones de tortura fueron diferentes en función del género de la persona detenida:

> Los análisis mostraron que, de forma estadísticamente significativa, los hombres sufrieron más palizas, más sometimiento a posturas anómalas y forzadas, y más golpes en los genitales que las mujeres [...]. Los datos revelan que las mujeres comparativamente con los hombres soportaron más empujones y tirones de pelo, mayor utilización del plantón, más asfixia seca con la bolsa, mayor exposición a distintas formas de violencia sexual (más desnudez forzada, más tocamientos, más humillaciones verbales y otras formas de violencia sexual), peores condiciones de detención (más exposición a ruidos constantes, deficiencias de higiene en el espacio), mayor exposición a impedimento de la visión a través del uso de capuchas u otros elementos y otras formas no especificadas de privación, más humillaciones, más amenazas, así como mayor sometimiento a información contradictoria y cambios de comportamientos violento y benevolente de los cuerpos policiales (Etxeberria, Martín Beristain y Pego, 2017: 179).

A finales de la década de los ochenta se inauguró un nuevo tiempo caracterizado por una mayor voluntad política de poner control a las prácticas de la tortura, con leyes y normas que trataban de garantizar los derechos de los detenidos y limitar los abusos policiales. Fueron varias las iniciativas o factores que apuntaron en esa dirección. En primer lugar, España firmó distintos tratados internacionales contra la tortura, el primero en 1987. Este obligaba al Estado a dar explicaciones sobre el tema a organismos creados al efecto, estar bajo su observación y tener así un cierto —aunque limitado— control externo. En ese mismo año, el Tribunal Constitucional declaró que el periodo de diez días de detención incomunicada y sin presentación del detenido ante la autoridad judicial era inconstitucional. Al mismo tiempo, se otorgó al poder judicial la capacidad de fijar el periodo de incomunicación. Un año después se estableció que el periodo máximo de incomunicación para casos de terrorismo sería de cinco días, plazo que también ha sido criticado por excesivo.

En el terreno institucional fue importante la señalada entrada del equipo de Belloch al Ministerio de Justicia e Interior, que se tradujo en un nuevo Código Penal, el de 1995, que contemplaba, por primera vez y de modo expreso, la condena por torturas, aplicándose los estándares internacionales. Asimismo, fue relevante la elaboración de un protocolo específico que debían seguir los forenses en el reconocimiento a los detenidos, procedimiento sustancial a la hora de determinar la existencia de torturas (BOE nº 231, de 26 de septiembre de 1997). De este modo, se instauró un sistema más garantista en función del cual los médicos forenses visitaban a diario a los detenidos de ETA y daban cuenta al juez de los resultados.

A todo ello se sumó el aparato judicial —o una parte de él— que comenzó a intervenir en la década de los ochenta ante la contundencia de las evidencias de torturas infringidas a los detenidos, condenando a policías y a guardias civiles como autores de los hechos. Desde este punto de vista, fue meritoria la investigación por parte de jueces radicados en el País Vasco sobre las torturas habidas en los años ochenta y noventa. Entre ellos debe destacarse la figura del juez José María Lidón, ponente de sentencias condenatorias a los que las practicaban, que luego fue asesinado por ETA. No obstante, suele señalarse que el número de condenas no es proporcional al número real de torturas habidas y que el hecho de que no existan condenas después de 1992 se debería al empleo de métodos de tortura más sofisticados que no dejaban evidencias y, por tanto, no podían ser judicialmente verificadas.

Y es que, en efecto, a pesar de las mejoras señaladas, la tortura siguió produciéndose en los casos de terrorismo, aunque en una proporción menor. Esa continuidad de la tortura era debida bien a que la Policía no aplicaba la ley o porque algunos forenses no cumplimentaban el protocolo antes comentado, lo que daba pie a que las torturas no aparecieran reflejadas. Asimismo, ese control internacional al Estado español era limitado, pues en ocasiones la respuesta institucional que se daba a los requerimientos de esos organismos foráneos pecaba de formalista y de defensa cerrada de la Administración, sin entrar en valoraciones detalladas. No resulta extraño que España haya sido condenada por distintos organismos internacionales fundamentalmente por no investigar las torturas (siete condenas del Tribunal de Derechos Humanos entre 2002 y 2011). También es grave la benevolencia del Estado que con frecuencia ha indultado a los condenados por tortura, dejando su delito sin castigo. Según el informe sobre torturas promovido por el Gobierno Vasco, se estima que se habrían producido 12 indultos que habrían beneficiados a 34 funcionarios condenados por torturas en relación con casos de terrorismo, lo que según diversas estimaciones realizadas supondría un porcentaje muy significativo respecto del total (Etxeberria, Martín Beristain y Pego, 2017: 339). Podemos concluir en este punto que con el paso del tiempo la tortura no fue una práctica generalizada ni sistemática, pero se siguieron produciendo casos relacionados con detenidos por su supuesta pertenencia a ETA o a su entorno. Es un debe en el Estado de derecho español que tal hecho se reconozca, pues la lucha contra el terrorismo no puede justificar de ningún modo el empleo de la tortura.

No reconocer que el Estado ha practicado la tortura es un grave error que no hace bien a la democracia. Dicho lo cual, tampoco es admisible el uso espurio que el nacionalismo radical ha hecho de ella. Este sector, con una amplia mayoría afín a ETA, utilizaba la existencia de la tortura, distorsionándola y exagerándola, todo con un fin propagandístico: demostrar la condición no democrática del sistema y la necesidad de ETA. Su condena de las torturas queda invalidada cuando solo denuncian unas, pero aplauden otras, las que protagonizaba ETA. Resulta sarcástico que sectores que dicen rechazar la tortura guardaran silencio con ocasión del secuestro de José Antonio Ortega Lara, que permaneció 532 días (1996-1997) encerrado en un espacio mínimo, bajo el suelo y con apenas luz. El titular del diario *Egin*, vinculado a esta tendencia política, al día siguiente de su liberación, reflejaba, con crueldad y saña, su indiferencia hacia la tortura a los "otros". El titular decía así: "Ortega vuelve a la cárcel" (Ortega era funcionario de prisiones). La defensa del Estado de derecho no puede depender de intereses partidistas.

A pesar de que en el seno de un Estado de derecho se puedan producir errores o actuaciones ilícitas, este se distingue, tal y como indica la Ley de Reconocimiento y Reparación de Víctimas de Vulneraciones de Derechos Humanos, "por su capacidad de identificarlos, corregirlos y reparar, en la medida de lo posible, sus consecuencias" (BOPV nº 219, de 10 de agosto de 2016). Este debe ser su objetivo y debe estar vigilante para su cumplimiento.

EJERCICIO DE BALANCE: DILEMAS ÉTICOS ANTE LA FIGURA DEL VICTIMARIO-VÍCTIMA

Francisco Javier Núñez fue víctima de violencia parapolicial y Juan Carlos García Goena de terrorismo de Estado. En los dos casos, se trata de personas que no tenían ninguna vinculación con la actividad terrorista de ETA y que, por tanto, hacen aún más patente la injusticia de la violencia cometida contra ellas.

El 15 de mayo de 1977, **Francisco Javier Núñez Fernández**, profesor de matemáticas de 38 años, sin filiación política alguna, volvía a casa con su hija Inés, de tres años y medio, tras acudir a misa, cuando se encontró con una manifestación proamnistía que estaba siendo dispersada por la Policía Armada en Bilbao. Entonces, fue golpeado por la policía junto al portal de su casa en presencia de su hija. Dos días después, Núñez Fernández decidió acudir al juzgado para denunciar la agresión. Los agentes que le golpearon, al conocer sus intenciones, le metieron en una furgoneta donde le torturaron y le obligaron a ingerir un litro de coñac y otro de aceite de ricino. Núñez Fernández murió 13 días después a causa de las lesiones ocasionadas por dicha ingesta. Tras su muerte, intentaron sobornar a su viuda y a su hija para que no contasen lo ocurrido y, ante su negativa, recibieron amenazas de muerte. No fue hasta 2021 cuando el secretario de Estado de Memoria Democrática, Fernando Martínez López, pidió disculpas a su hija en nombre del Gobierno español, reconociendo el daño injusto causado. A día de hoy se desconoce la autoría material de este asesinato.	**Juan Carlos García Goena** era un electricista de Tolosa que, como objetor de conciencia e insumiso, decidió escapar a Francia para no cumplir el servicio militar obligatorio. El 24 de julio de 1987, cuando tenía 29 años, fue asesinado en Hendaia (Francia). Al salir de su casa para ir a trabajar, le explotó una bomba que habían colocado los GAL en los bajos de su coche. García Goena era pacifista, siempre se opuso al uso de las armas y nunca militó en ETA. Cuando murió, era padre de dos niñas y su viuda Laura estaba embarazada de una tercera (Bilbao y Sáez de la Fuente, 2023: 22-23). Este fue el último atentado cometido por los GAL. Durante la instrucción, declararon como imputados Julen Elgorriaga, ex gobernador civil de Gipuzkoa, Rafael Vera, exsecretario de Estado para la Seguridad, y Luis Roldán, exdirector de la Guardia Civil. En 2001, el juez Garzón concluyó el sumario de instrucción, estableciendo la imposibilidad de determinar la autoría material del asesinato. En 2015, se decretó su sobreseimiento sin procesamiento alguno, al no existir indicios de criminalidad contra persona o personas determinadas. Todos los intentos de reapertura del caso han resultado infructuosos.

Los dos casos siguientes representan la figura del victimario-víctima (Bilbao, 2009). Son personas que ejercieron la violencia victimizando a otras —Melitón Manzanas practicando la tortura como policía del régimen franquista y Josean Lasa y Joxi Zabala como activistas de ETA— y que luego fueron victimizadas cuando otras personas utilizaron la violencia contra ellas para acabar con sus vidas.

Melitón Manzanas nació en Donostia el 9 de junio de 1909. De tendencias derechistas, durante la Segunda República formó parte de las Juventudes de Acción Popular, que pertenecían a la Confederación Española de Derechas Autónomas (CEDA). En la Guerra Civil, participó en el ejército franquista y, al terminar la contienda, se incorporó al Cuerpo General de Policía, donde llegó a ser jefe de la Brigada Político-Social de Gipuzkoa. Melitón Manzanas fue conocido entre la oposición antifranquista por ser uno de los grandes torturadores del régimen. El 2 de agosto de 1968 fue víctima del primer asesinato premeditado de ETA. Un miembro de la organización terrorista le disparó siete veces por la espalda "cuando entraba a su casa, mientras su mujer y su hija le abrían la puerta" (Barruso, 2024). El régimen franquista respondió a la muerte de Manzanas con el incremento de la represión	**Josean Lasa** y **Joxi Zabala**, de 20 y 21 años respectivamente, huyeron a Francia tras ser identificados como miembros de ETA. Los dos etarras consiguieron darse a la fuga después de atracar un banco en Tolosa y enfrentarse a miembros de la Policía en un tiroteo sin heridos. El 15 de octubre de 1983 fueron secuestrados en Baiona por miembros de los GAL. En un primer momento, estuvieron retenidos en el cuartel de la Guardia Civil de Intxaurrondo y posteriormente fueron trasladados al palacio de la Cumbre de Donostia, propiedad del Ministerio del Interior. Los dos secuestrados fueron interrogados y brutalmente torturados hasta que los llevaron a Alicante. Allí, maniatados, amordazados y con los ojos vendados, fueron conducidos a un campo para dispararles a bocajarro en la cabeza y enterrarles con cal viva. En 1985 sus restos mortales aparecieron en Busot (Alicante), pero sus cuerpos

en el País Vasco, utilizando como paraguas los estados de excepción. Durante el Proceso de Burgos (1970), el miembro de ETA Xabier Izko de la Iglesia fue acusado de su asesinato, aunque él siempre negó su responsabilidad. Hasta la fecha se desconoce la autoría material del asesinato y obviamente nadie ha sido juzgado por ello.	no fueron identificados hasta 1995, gracias a la pericia de un agente de la Policía Nacional. En abril de 2000, la Audiencia Nacional condenó por este crimen a Enrique Rodríguez Galindo, general de la Guardia Civil de Intxaurrondo; Ángel Vaquero, teniente general del mismo cuartel; Julen Elgorriaga, gobernador civil de Gipuzkoa, y Enrique Dorado y Felipe Bayo, agentes de la Guardia Civil. Un año después, el Tribunal Supremo aumentó las condenas, considerando como agravante su condición de funcionarios públicos. En julio de 2002, el Tribunal Constitucional rechazó el recurso de amparo de los condenados y, ocho años después, el Tribunal Europeo de Estrasburgo avaló estas condenas. Galindo y Elgorriaga pasaron solo unos pocos años en prisión y cumplieron el resto de su condena en régimen de libertad vigilada por motivos de salud.

ACTIVIDAD 8

Sobre los dos primeros casos, los de Francisco Javier Núñez Fernández y Juan Carlos García Goena, nadie dudaría de la condición de víctimas de sus protagonistas. Todos insistirían en que son inocentes y que no merecían lo que les sucedió. Sin embargo, cuando nos acercamos a los casos de Melitón Manzanas y de Josean Lasa y Joxi Zabala, se abre una controversia entre distintas posiciones que estiman que: a) no deben ser consideradas víctimas porque antes fueron victimarios —incluso defendiendo que se merecían lo que hicieron con ellos—; b) independientemente de lo que hubieran hecho, merecían que se hubieran respetado sus derechos humanos, por lo que los actos de victimación que ellos padecieron fueron injustos y que, al igual que al resto de víctimas, les asiste el derecho a la verdad, a la justicia y a la reparación; c) son víctimas y se deben depurar responsabilidades de quienes estuvieron implicados en esos delitos, pero no deben ser reivindicadas públicamente porque no son referentes ejemplares. ¿Qué crees tú?

- ¿Estimas que las cinco personas son víctimas? ¿Por qué?
- En caso afirmativo, ¿deben tener los mismos derechos a la verdad, a la justicia y a la reparación?
- En caso afirmativo, ¿piensas que deben ser reivindicadas públicamente por las instituciones y por la sociedad?

BIBLIOGRAFÍA

Aulestia, Kepa (1993): *Días de viento sur. La violencia en Euskadi*, Barcelona, Antártica/Empúries.

Baby, Sophie (2018): *El mito de la transición pacífica. Violencia y política en España (1975-1982)*, Madrid, Akal.

Barruso, Pedro (2024): "Vida y muerte de Melitón Manzanas, el primer asesinato premeditado de ETA", *La voz de la República*, https://lc.cx/Bx3qS_.

Belloch, Santiago (1998): *Interior. Los hechos clave de la seguridad del Estado en el último cuarto de siglo*, Barcelona, Ediciones B.

Bilbao, Galo (2009): *Jano en medio del terror: la inquietante figura del victimario-víctima*, Bilbao, Bakeaz.

Bilbao, Galo y Sáez de la Fuente, Izaskun (2023): *Memoria de las víctimas, ¿víctimas de la memoria?*, Madrid, Los Libros de la Catarata-Deusto.

BOE (1978): *Constitución española*, nº 31, de 29 de diciembre.

— (1997): *Orden de 16 de septiembre de 1997 por la que se aprueba el Protocolo que han de utilizar los Médicos Forenses en el reconocimiento de los detenidos*, nº 231, de 26 de septiembre.

BOPV (2016): *Ley 12/2016, de 28 de julio, de reconocimiento y reparación de víctimas de vulneraciones de derechos humanos en el contexto de la violencia de motivación política en la Comunidad Autónoma del País Vasco entre 1978 y 1999*, nº 151, 10 de agosto.

Carcedo, Diego (2004): *Sáenz de Santamaría. El general que cambió de bando*, Madrid, Temas de Hoy.

De la Cuesta, José Luis (2021): "Víctimas de graves vulneraciones de derechos humanos y abuso de poder: reconocimiento y reparación", en Ana Isabel Pérez Machío y José Luis de la Cuesta Arzamendi (dirs.), *Contra la política criminal de tolerancia cero: libro-homenaje al Profesor Dr. Ignacio Muñagorri Laguía*, Pamplona, Aranzadi, pp. 129-145.

Del Río, Eugenio (2014): "Una mirada sobre la Transición", *Página Abierta*, 232, mayo-junio.

Dirección de Atención a las Víctimas del Terrorismo (2008): *Informe sobre víctimas del terrorismo practicado por grupos incontrolados, de extrema derecha y el GAL*, Vitoria, Departamento de Interior, Gobierno Vasco.

Etxeberria, Francisco; Martín Beristain, Carlos y Pego, Laura (2017): *Proyecto de investigación de la tortura y malos tratos en el País Vasco entre 1960-2014*, Vitoria, Gobierno Vasco.

Ignatieff, Michael (2006): "Si la tortura funciona", *Claves de Razón Práctica*, nº 162, pp. 4-7.

Intxaurbe, Joserra; Urrutia, Gorka y Vicente, Trinidad (2022): *Informe sobre la injusticia padecida por agentes de las Fuerzas y Cuerpos de Seguridad del Estado, así como sus familiares a consecuencia del terrorismo de ETA (1960-2011)*, Vitoria, Servicio de Publicaciones de Gobierno Vasco, p. 39.

Iruin, Iñigo (2001): "GAL: El espejo del Estado", *El libro negro de Intxaurrondo*, Lizarra, Txalaparta, pp. 88-113.

Landa, Jon Mirena (2008): *Informe sobre Víctimas de vulneraciones de derechos humanos derivadas de la violencia de motivación política*, Vitoria, Departamento de Justicia, Empleo y Seguridad Social, Gobierno Vasco.

Miralles, Melchor y Arques, Ricardo (1989): *Amedo. El Estado contra ETA*, Barcelona, Plaza & Janés.

Muñoz Molina, Antonio (2018): *La puerta de la infamia. Crónicas del caso Marey*, Úbeda, Fundación Huerta de San Antonio.

ONU (1948): *Declaración Universal de los Derechos Humanos*, en spn.pdf.

— (1984): *Convención contra la Tortura y Otros Tratos o Penas Crueles, Inhumanos o Degradantes*, en https://lc.cx/CpjJMm.

Pérez, José Antonio (2021): "El terrorismo ultraderechista y parapolicial en el País Vasco", *Historia y Memoria del terrorismo en el País Vasco 1968-1981*, Almería, Confluencias Editorial.

Pérez, José Antonio y Molina, Fernando (2017): "El monopolio de la violencia ilegítima: terrorismos paraestatales y brutalidad política", en Juan Pablo Fusi y José Antonio Pérez (eds.), *Euskadi 1960-2011. Dictadura, transición y democracia*, Madrid, Biblioteca Nueva, pp. 151-175.

Pérez, Kepa (2012): *Habla la dignidad, hablan las víctimas. Un testimonio en primera persona de quienes han padecido el horror del terrorismo*, Bilbao, Asociación para la Defensa de la Dignidad Humana, pp. 60-61.

Vázquez Montalbán, Manuel (1978): "¿Contra Franco estábamos mejor?", *La Calle*, 2 de mayo.

Woodworth, Paddy (2002): *Guerra sucia, manos limpias. ETA, el GAL y la democracia española*, Barcelona, Crítica.

Deusto
Centro de Ética Aplicada
Etika Aplikatuko Zentroa

LUIS CASTELLS ARTECHE

Historia Garaikidean doktorea da eta UPV/EHUko irakasle emeritua. 2021ean Mario Onaindia saria eman zioten. Azken urteotan trantsizio politikoaren azterketan zentratu da, baita Euskadiko indarkerian eta terrorismoan ere. Horri dagokionez, eta beste argitalpen batzuen artean, *ETA. Terror y terrorismo* (Marcial Pons, 2021), *Nunca hubo dos bandos. Violencia política en Euskadi. 1975-2011* (Comares, 2020) eta *Naturaleza muerta: usos del pasado en Euskadi después del terrorismo* (PUZ, 2018) liburuetan parte hartu du. Duela gutxi "Debates sobre la Transición. La utopía reconstructiva" kapitulua argitaratu du, *Tu voz en muchas voces. Escritos en homenaje a Jon Juaristi* (UPV/EHU, 2022) liburuan.

IZASKUN SÁEZ DE LA FUENTE ALDAMA

Deustuko Unibertsitateko Etika Aplikatuko Zentroko ikertzailea eta irakaslea da. Zientzia Politikoetako eta Soziologiako doktoregoa (Zientzia Politikoetako espezialitatean) lortu zuen Euskal Herriko Unibertsitatean 2001ean. *El Movimiento de Liberación Nacional Vasco, una religión de sustitución* (2002) izenburuko tesia eginda. Gatazkei eta Bake Kulturei buruzko ikerrildoan, Euskadiko motibazio politikoko indarkeriari lotutako prozesu sozial, politiko eta kulturalak aztertzen ditu, motibazio etiko-politiko argiarekin, biktimei leku nagusia emanez. 2018an sortu zenetik, Euskadiko Memoriaren, Historiari buruzko Hezkuntzaren eta Bakearen Eraikuntzaren inguruko Ikaskuntza Komunitatean parte hartzen du. Aurretik, Memoria, etika eta justizia: ETAren estortsioa eta indarkeria enpresa munduaren aurka (2012-2016) diziplinarteko proiektua zuzendu zuen. Proiektu horrek DU-Banco Santander Ikerketa Sariaren Akzesita lortu zuen (2017), eta agenda publikoan jarri du ETAren indarkeriaren barruan bereziki ikusgaitza izan den dimentsio bat.

Research ID: Web of Knowledge: R-1052-2018/ orcid.org/0000-0001-9099-2653

Luis Castells Arteche eta
Izaskun Sáez de la Fuente Aldama

Gerra zikina eta agintekeria: betebehar moralen haustura

Izaskun Sáez de la Fuente eta Ángela Bermúdez
(bildumaren editoreak)

Itzultzailea: Sara Muniozguren, Itzulpen
eta Hizkuntza Laguntzako Zerbitzua – Deustuko Unibertsitatea

EUSKADIKO GATAZKAREN ETA INDARKERIAREN MEMORIA ETA HISTORIA BILDUMA.

BILDUMA HAU EUSKO JAURLARITZAK ETA DEUSTUKO UNIBERTSITATEAK BIZIKIDETZA, GIZA ESKUBIDE ETA ANIZTASUNAREN PLANA (2021-2024) GARATZEKO SINATUTAKO HITZARMENAREN BABESPEAN EGIN DA.

AZALAREN DISEINUA: MIKEL LAS HERAS

ITZULTZAILEA: SARA MUNIOZGUREN, ITZULPEN ETA HIZKUNTZA LAGUNTZAKO ZERBITZUA – DEUSTUKO UNIBERTSITATEA

FUENCARRAL, 70
28004 MADRID
TEL. 91 532 20 77
WWW.CATARATA.ORG

GERRA ZIKINA ETA AGINTEKERIA: BETEBEHAR MORALEN HAUSTURA

ISBN: 978-84-1067-212-3
DEPÓSITO LEGAL: M-746-2025
THEMA: JPWL/JBKF/JPWS

INPRIMATZAILEA: ARTES GRÁFICAS COYVE

José María Lidón eta Juan Mari Jáureguiren omenez, zuzenbide estatuaren defendatzaileak.

AURKIBIDEA

BILDUMARI BURUZ

Euskadi Ta Askatasunak (ETA) behin betiko su-etena iragarri zuenetik hamarkada bat igarota, Euskadiko gazteek —indarkeria pairatu ez duen lehen belaunaldia— adierazi dute espazio seguru gutxi dituztela gaiari buruz galdetzeko, hitz egiteko eta eztabaidatzeko.

Liburu bilduma honek azken hamarkadetan Euskadin bizi izan den gatazkaren eta indarkeriaren historiaren ulermen kritikoa sustatu nahi du belaunaldi berriengan. Batez ere gazteei eta gai horiei buruzko interesa duten herritarrei zuzenduta dago, baina baita irakaslanean edo irakaslanerako prestatzen ari direnei eta hainbat erakunde publiko eta pribatutatik giza eskubideen errespetua sustatu eta bakea eta bizikidetza landu nahi duten pertsonei ere.

Proiektu hau Euskadiko Memoriaren, Historiari buruzko Hezkuntzaren eta Bakearen Eraikuntzaren inguruko Ikaskuntza Komunitatearena da. Ikaskuntza komunitate hori Deustuko Unibertsitateko Etika Aplikatuko Zentroaren ekimenez sortu zen 2018an eta, harrezkero, Euskadiren indarkeriazko iraganari buruzko diziplinarteko eta belaunaldien arteko elkarrizketa eta hausnarketa ahalbidetzeko gune bat da. Lehen lan fasean (2019-2021), profil ideologiko desberdinetako gazteek Euskadin bizi izandako motibazio politikoko indarkeriari buruz zer galdera eta gogoeta dituzten ikertu zuen. Behin eta berriz adierazi zuten hainbat galdera sortzen zaizkiela, baina ez dutela non planteatu galdera

horiek, eta gogoetak ere badituztela, baina ezin dituztela beste pertsona batzuekin kontrastatu. "Jarauntsitako eta autoinposatutako isiltasuna"ren pisua sentitzen dute familian, koadriletan, eskolan eta komunitatean.

Bada uste zabaldu bat isiltasun horri irauten lagundu diona: bakea eta bizikidetza sustatzeko, hobe dela orria pasatzea, iragana ahaztea eta etorkizunera bakarrik begiratzea. Baina etorkizuna ezin da eraiki iraganari bizkarra emanda. Horregatik, oraingo lan fasean, Ikaskuntza Komunitateak hainbat aditu bildu ditu bilduma honen ekoizpenean laguntzeko: gaian adituak diren historialariak, indarkeriaren analisi etikoan adituak diren filosofo eta gizarte zientzialariak eta historiari buruzko hezkuntzan adituak diren pedagogoak.

Bildumako liburu bakoitzak gai historiko edo etiko batean sakontzen du. Hautatu diren gaiak bereziki garrantzitsuak dira gazteek euskal gatazkaren eta indarkeriaren historiari buruz dituzten kontakizunei modu kritikoan heltzeko. Estrategia pedagogiko narratiboa erabiliz, Peneloperen bideari jarraitzea proposatzen da: iragan odoltsu eta mingarri baten memoria sozialaren ehuna tentuz desegitea eta kontzientziaz berriz ehuntzea. Bide horretan, indarkeria justifikatzeko balio duten mito, partzialkeria eta gain-sinplifikazioak ikusaraztea eta kritikoki arakatzea izango da abiapuntua dinamika bikoitza aurrera eramateko: *memoria historizatzea* eta *historia memorializatzea*. Horren bidez, hiru helburu bete nahi dira: pertsonek fenomeno historikoen konplexutasunaren ulermen hobea izatea, iragana biktimen esperientzian hezurmamitzea, eta, horrela, historiak indarkeria desnormalizatzeko eta deslegitimatzeko duen ahalmena aktibatzea.

SARRERA

Gerra zikina egon zen, nahiz eta ezkutatzen edo haren tamaina gutxiesten saiatu diren. Behar bezala dimentsionatu eta kritikoki ebaluatu behar dugu, indarkeria deslegitimatzen laguntzeko. Terrorismoaren aurka borrokatzeko, Estatuko Segurtasun Indarrek eta ultraeskuineko taldeek legez kontra erabili zuten indarra, Estatuko aparatuen isileko adostasunarekin, bai eta haien laguntza politiko eta finantzarioarekin ere. Gerra zikinean bi fase bereiz daitezke. Lehenengoa diktaduratik demokraziarako trantsizioan garatu zen (1975-1981). "Inkontrolatuek" egin zuten, hots, talde parapolizialek eta erregimen frankista samintasunez oroitzen zuten ultraeskuineko sektore batzuek. Bigarrena, Espainiako Alderdi Sozialista Langilea (PSOE) boterera gehiengo absolutuarekin heldu zenean gertatu zen. Fase horretan (1983-1987) Askapenerako Talde Antiterroristak (GAL) izan ziren protagonista. Gerra zikinaz gain, liburu honetan torturaz ere mintzatuko gara polizia aparatuen praktika gaitzesgarritzat hartuta. Tortura demokraziaren lehen urteetan modu sistematikoagoan gertatu bazen ere, haren itzala gaur egunera arte luzatu da.

Gerra zikina egiteko erak eta erabili diren tortura moduak ezkutatzeak edo gutxiesteak, ikerketa polizial eta judizialak mugatzeak eta egindako delitu asko zigortu gabe geratzeak oso ondorio kaltegarriak ditu. Lehenik eta behin, giza eskubideen urraketa latz eta bidegabe horien biktimei dagokien errekonozimendua

eta erreparazioa ematea eragozten du, hau da, ETAren biktimekiko berdintasunean aitortzea haien biktima izaera. Batzuek argudiatzen dute gerra zikina beharrezkoa eta saihestezina zela garai hartako egoera lazgarri eta konplexuan. Aitzitik, bilduma honen ikuspegi etikotik, uste dugu funtsezkoa dela ulertzea gerra zikina ez zela bidegabea izan pairatu zuten pertsonentzat bakarrik, eta horrez gain, demokraziaren eta zuzenbide estatuaren aurkako eraso oso larria izan zela, herritar guztien eskubideak eta askatasunak babestu behar baititu eta betebehar horretan utilitarismoak ez baitu lekurik.

Indarkeria deslegitimatzeak esan nahi du Estatuak indarra inori konturik eman gabe erabiltzeko botere mugagabea duelako ideia arbuiatzea. Estatu demokratiko batek indarraren erabileraren monopolio legitimoa duela uste bada ere, behar bezala justifikatuta egon behar du, pertsonen duintasuna eta eskubideak errespetatzeko nazioarteko estandarrak bete behar ditu eta lege sistemaren arabera baliatu behar da. Horregatik, liburuan zehar azpimarratzen dugu zein problematikoa den "estatu arrazoietan" oinarritzea gerra zikina justifikatzeko, planteamendu horrek zuzenbide estatuaren oinarriak ahultzea baino ez dakar eta. Bada mito herrikoi bat dioena Espainian demokraziarako trantsizioa prozesu baketsua izan zela, beste herrialde batzuetara esportatzeko moduko eredu bat eskaintzen zuena; baina gerra zikina modu kritikoan hartzeak mito herrikoi hori zalantzan jartzera garamatza.

Sarritan pentsatzen da gerra zikina egon dela aitortzeak terrorismoaren aurkako borrokan Estatuko Segurtasun Indarrek egindako lana eta izandako konpromisoa desprestigiatzea ekarriko lukeela, haiek izanda, gainera, indarkeria ziklo horretan zehar hildako gehien izan dituztenak. Hori izaten da, neurri batean behintzat, Estatuak gerra zikina ukatzeko arrazoia. Erantzukizunak argitzeak, ordea, ez du Estatuko Segurtasun Indarren irudia zikintzen; aitzitik, sistema demokratiko baten indar armatuen eta poliziaren benetako izateko arrazoia erakusten du.

Bada zalantzan jarri beharreko beste mito bat: gerra zikinaren tamaina puztu egin da eta horrek ETAren indarkeria Estatuaren indarkeria errepresiboaren aurkako erantzun hutsa zela zioen

tesia elikatu du eta, horrela, erantzukizuna kendu dio erakunde terroristari. Nahiz eta dramatikoa eta bidegabea izan, gerra zikinaren biktimen kopurua ETAk eragindako hildako kopuruaren oso azpitik dago, eta askoz iraupen laburragoa du: gerra zikinak hamarkada bat pasatxo iraun zuen eta ETAren jarduerak, berriz, 50 urte baino gehiago. Banda armatuaren eta haren inguruaren arabera, gerra zikinak erakusten zuen Estatu berriak ez zuela frankismoarekiko lotura hautsi, eta, beraz, erregimen diktatoriala izaten jarraitzen zuela.

Liburuan zehatz-mehatz aztertzen dira frankismoaren nolabaiteko jarraitutasuna izan zuten elementuak, batez ere Estatuko Segurtasun Indarren, Armadaren eta ultraeskuineko sektore jakin batzuen portaeran, baina fenomeno problematikotzat hartuta erregimena aldatzeko eta demokrazia finkatzeko prozesu politikoaren barruan. Gerra zikinaren tamaina puzte hori beste mito baten parte da: "aurkako bi bando" baldintza berdinetan zeudela zioen mitoaren parte. Prozesuaren berreraikuntzak argi erakusten du ez zegoela halako baliokidetasunik. Liburuak agerian uzten du bi indarkeria egon zirela, baina ez bi bando.

ARIKETA 1

Liburu honetan "gerra zikina"ri buruz hitz egingo dugu. Entzun duzu inoiz fenomeno horren berri?

Dakizunetik abiatuta, hausnartu galdera hauei buruz. Erantzuten ez badakizu, galdetu zure inguruko jendeari:

- Nork egiten zuen "gerra zikina" eta noren aurka? Zer arrazoi zituzten?
- Zergatik esaten da "gerra" bat zela eta zergatik esaten da "zikina" zela?

1. TESTUINGURU HISTORIKOA: DIKTADURATIK DEMOKRAZIARAKO TRANTSIZIOA

Liburu honetan jorratuko dugun gaiak lotura estua du frankismoan jatorria duen testuinguru historiko eta politikoarekin. Diktadurako erregimen batetik izaera demokratikoko beste erregimen batera igarotzeko garaian hasten da testua, 1975etik 1982ra bitarteko garaian, alegia, Franco hil zenetik PSOE boterera iritsi eta Espainian demokrazia sendotzen hasi zen arteko sasoian.

Sistema diktatorialak izaera demokratikoko sistemetara aldatzeko prozesuak konplexuak eta zailak izaten dira, are gehiago indarkeriarik gabe gertatzen badira, Espainian bezala. Aldaketa ez da batere erraza izaten, diktadurako Estatuko aparatuek eusteko ahalegina egin ohi baitute eta bide demokratikoen garapena oztopatu ohi baitute. Espainian, diktaduratik demokraziarako urrats hori egitean, indar politiko protagonistetako bat bera ere ez zen gai izan beste indarrei gailentzeko. Funtsean, bi bloke handi kontrajarri ziren. Bata erreformista zen: frankismotik zetorren, baina aldaketak egiteko beharraz kontziente zen, nahiz eta aldaketa horiek moderatuak izatea nahi zuen. Proiektu horrek Carlos Arias Navarro izan zuen gobernuburu lehenik, aldaketarako borondate eskasa zuena, eta, Adolfo Suárez atzetik, erreformarako gogo irmoagoa izan zuena. Beste blokea oposizioak osatzen zuen, alderdi konstelazio bat bilduta, zentrotik ezker muturreraino. Bloke horren helburu

komuna zen demokrazia aurreko erregimenarekiko "haustura"ren bidez ekartzea, diktaduraren oinarri eta erakunde politikoak eraldatuz.

Alabaina, ez bloke batak ez besteak ez zeukan besteari gailentzeko adinako indarrik. Emaitza "ahulezien korrelazio baten" ondorioa izan zen (Vázquez Montalbán, 1978) eta oposizioak frankismotik zetozen aparatu jakin batzuk onartu behar izan zituen eta Suárezen erreformismoak, berriz, oposizioaren programa demokratikoaren zati handi bat bere egin behar izan zuen. Egia esan, azken emaitzak Espainiara demokrazia iristea ahalbidetu zuen: alderdi politikoak legeztatzea, hauteskunde askeak egitea, Konstituzio berri bat egiteko prozesu konstituziogileari ekitea, Konstituzio horrekin zuzenbide estatu sozial eta demokratikoa eratzea eta nazionalitateen eta eskualdeen autonomia ezartzea, eta amnistiaren bidez diktadurako preso politiko guztiak askatzea eta erbesteratu asko itzultzea, baina baita frankismoak egindako krimenak zigorrik gabe geratzea ere. Hala, bada, sortu zen sistema politiko berriak antz handiagoa zuen oposizioaren nahiekin erreformistek nahi zutenarekin baino.

Egitura politiko demokratiko berriak akatsak eta gabeziak zituen bere jatorriaren eta transakzio horien ondorioz, eta oztopo nabarmenak, hala nola zenbait elementu frankistak Estatuaren aparatuetan jarraitzea edo haren babespean egindako krimenak zigorrik gabe geratzea. Aparteko garrantzia izan zuen frankistek Polizian eta Armadan irauteak, horrek asko luzatu eta zaildu baitzuen erakunde horien demokratizazio prozesua.

Espainian trantsizioa egiteko modua bloke bakoitzaren baliabideen eta Espainiako biztanleriaren gehiengoaren borondatearen ondorioa izan zen, jende gehiena irteera moderatuen eta ez-erradikalen aldekoa baitzen. Oposizioak, eta, horren barruan, ezkerrak, ez zeukan nahikoa muskulurik bere haustura tesiek arrakasta izan zezaten lortzeko, eta onartu behar izan zuen, erregimenaren aurkako mobilizazioek indarra hartu bazuten ere, ez zutela izan aurreko aparatuaren egitura osoa hausteko adinako babes sozialik. Horri dagokionez, esanguratsua da Eugenio del Riok,

garai hartan ezker erradikaleko buruzagi gaztea zenak, atzera begira esandakoa:

> Frankismoa ez zegoen azkenetan. Ez zegoen garaitua izateko gertu. Antifrankismo antolatua, berriz, oso minoritarioa zen eta ez zuen borondate komunik. [...] Beraz, haustura posibletik kanpo geratzen zen, hura defendatzen genuenok ulertzen genuen bezala (Del Río, 2014).

Gerra zikina testuinguruan jartzeko ezinbesteko aurrekarien artean, funtsezko faktore bat egon zen: ETAren ekintza terroristak irautea. 1968an lehen hilketa egin zuenetik, erakunde terroristak indarkeria erabiltzen jarraitu zuen, ekintza-errepresioa-ekintza estrategia praktikan jarriz, bere jarduera armatuek errepresio masibo eta neurrigabea eragingo zutelakoan eta horrek babes soziala eta militantzia biderkatuko zituelakoan. Izan ere, Kepa Aulestiak azaltzen duen bezala, hala gertatu zen frankismo berantiarrean —salbuespen egoeren ondorioz— eta trantsizioaren lehen urteetan (Aulestia, 1993: 39 eta 121).

Demokrazia iritsita eta 1977ko lehen hauteskunde libreen eta amnistiaren ondoren, askok galdetzen zioten beren buruari nola erreakzionatuko ote zuten bai ETAk, indarkeriaren erabilera bere izaeraren ezaugarri hartua baitzuen, bai errepresio frankistara ohituta zeuden Estatuko aparatu haiek. ETAren erantzunak ez zuen zalantzarik utzi, oso eraso gogorra egin baitzuen zailtasun askorekin finkatzeko ahaleginean zebilen sistema demokratiko berriaren aurka. Ekintza armatuen kopurua nabarmen handitu zen Trantsizioa garatzen joan zen heinean. Horren froga da hilketa kopuruaren bilakaera: 1975ean 16, 1976an 18, 1979an 80, eta 1980an 98. Beraz, 1978 eta 1982 urteen artean 318 pertsona hil zituen (biktima guztien ia % 40); arrazoi osoz deitu izan zaio aldi horri *berunezko urteak*, ETAk tarte horretan egin baitzituen hilketa gehien.

Erakunde terroristak bortizki jo zuen sistema politiko berriaren aurka, erakundeak ezegonkortzeko eta prozesu demokratikoaren porrota eragiteko asmoz. ETAk eta haren inguru politikoak uste zuten Espainian finkatzen ari zen demokrazia iruzurra

zela, frankismoaren azaleko moldaketatxo bat besterik ez; beraz, "Francorik gabeko frankismoaren kontinuismoa" zela zioen tesia defendatzen zuten. Erabat arbuiatzen zuten sistema politiko berria, haien ustez diktaduraren osagai errepresorea erreproduzitu besterik ez zuelako egiten, batez ere Euskal Herriari dagokionez. Baina, liburu honetan ikusiko dugunez, ETA ez zen izan demokraziaren aurkako eraso hori protagonizatu zuen sektore bakarra. Ekuazioaren beste aldea geratzen zaigu: zein izan zen frankismoaren nostalgikoen erreakzioa segurtasun aparatuetan edo Armadan?

2. FRANKISMOAREN INERTZIA ERREPRESIBOAK ETA GERRA ZIKINA ZENTRO DEMOKRATIKO BATASUNAREN GARAIAN

'INKONTROLATU'EN INDARKERIA PROBOKATZAILEA

1977ko ekaineko hauteskundeen ondoren Zentro Demokratikoaren Batasunak (UCD) lortu zuen gehiengoa eta 1982ra arte egon zen gobernuan. Tarte horretan, demokrazia berriek trantsizio prozesuetan izan ohi duten erronka handienetako bati aurre egin behar izan zion: estamentu militarra eta segurtasun kidegoak kontrolatzeari; langintza zaila, sektore horiek lotura sendoak baitzituzten erregimen frankistarekin. Trantsizioak Espainian egin zuen eraldatze mailakatu eta itunduak, ezkerreko sektore baten haustura nahietatik urrun, Estatuaren aparatuak eta, bereziki, segurtasun indarrak eta Armada ez garbitzea ekarri zuen. Horrela, bi kidegoetan jarrera antidemokratiko agerikoengatik ezagunak ziren pertsonak mantendu ziren beren karguetan.

Suárezen alderdia egoera horren jakitun zen, eta bazekien segurtasun kidegoetan erreformak egin behar zituela. Hala egin zuen edo saiatu zen egiten, baina ahultasuneko posizio batetik ekin zion egiteko hari: alderdi berria zen, esperientzia gutxikoa, babes sozial erlatiboa zuen eta barne hausturak. Demokraziarekiko etsaitasun nabarmena zegoen bai segurtasun kidegoetako bai Armadako hainbat sektoretan, ETAren

atentatuen lehentasunezko xede izateak elikatuta, gainera. Horregatik, aurkakotasun hori bereziki agerian geratzen zen militarrek eta poliziek ETAk hildako kideen hiletetan egiten zituzten gaitzespenezko adierazpen publikoetan, gobernuaren aurkako oihuak botatzen baitzituzten, mehatxu terroristaren aurrean epela eta ahula zelako ustean. Matxinadaren zurrumurrua etengabea zen eta, azkenean, 1981eko otsailaren 23ko saiakera kolpista (23-F) gertatu zen.

Horrek guztiak Euskadiko egoera kaotikoa izatea eragin zuen, Estatua ahula baitzen eta ez baitzen gai ez ETAren eraso terroristari aurre egiteko, ezta bere segurtasun indarrak behar bezala kontrolatzeko ere. Bigarren hori bereziki garrantzitsua zen; izan ere, Estatu berriak Euskadiko herritarrei eman nahi zien irudi demokratikoa hautsi egiten zen segurtasun indarrek jokabide irregularrak edo delituzkoak zituztenean, eta herritarren artean "Francorik gabeko frankismoaren kontinuismoa"ren tesiaren sinesgarritasuna elikatzen zuen. Sektore horiek ez zuten betetzen edozein demokraziaren oinarrizko printzipioa izan behar zuena, alegia, legea betetzea eta herritarren eskubideak eta askatasunak bermatzea.

Hainbat gertaera dira horren erakusgarri, baina agian deigarrienetako bat Polizia Armatuaren konpainia batek 1978ko uztailaren 13an egindako esku-hartze bandalikoa izan zen. Modu autonomoan eta aginte katearen gainetik, Errenterian sartu ziren eta 40 minutuz oinezkoei eraso egin, dendetako beirateak hautsi eta hainbat objektu lapurtu zituzten. Hain handia izan zen gertaeraren oihartzuna, ezen Barne ministroak, Rodolfo Martín Villa, barkamena eskatu behar izan zuen publikoki. Deigarria izan zen, halaber, hilabete batzuk geroago Basauriko Polizia Armatuaren kuartelean jazo zena ETAk bi polizia erail izanak eragindako nahigabe giro larrituan: sedizio ekintza bat gertatu zen, matxinada moduko bat, zeinean poliziako kideek agintari zibilak eta poliziako buruak atxiki eta iraindu zituzten.

Plantoa, irainak eta erasoak

Istilu larriak izan ziren atzo Basauriko Polizia Armatuaren kuartelean, eraildako bi kideen aldeko hileta elizkizunean. Ohar ofizial baten arabera, hainbat poliziak uko egin zioten larunbat goizaldetik zerbitzua emateari. Bestalde, atzo, zenbait poliziak –batzuk kalez jantzita eta beste batzuk uniformez jantzita– eta haien senideek irain larriak egin zizkieten Bizkaiko gobernadore zibilari eta Polizia Armatuaren inspektore jeneralari, eta erasoak ere gertatu ziren.

Iturria: *La Gaceta del Norte*, 1978ko urriaren 15a.

Gertaera horietako asko eskuin muturrak demokrazia finkatzea eragozteko abian jarritako tentsio estrategiaren ondorio ziren; estrategia zen *indarkeria probokatzailea* erabiltzea ahalik eta krispaziorik handiena sortzeko asmoz. Hori agerian geratu zen, adibidez, 1978ko Sanferminetan, Iruñean. Polizia Armatuak ekintza basatia egin zuen, indar horren arduradun Fernando Avilak, Fuerza Nueva ultraeskuindar alderdiaren zaleak, bultzatuta. Istilu haietan manifestari bat hil zen tiroen ondorioz. Poliziak, eta bereziki Avilak, gobernadore zibilaren aginduei jaramonik egin gabe jardun zuen ekintza hartan, eta gobernadoreak ez zuen lortu tentsio handiko giroa baretzea, saiatu bazen ere. Hona hemen *El Pais* egunkariko hitzak esandakoa berresteko: "Euskal Autonomia Erkidegoko polizia indarrek Madrilgo Gobernuaren jarraibideetatik kanpo jarduten zuten Trantsizioaren lehen uneetan" (*El País*, 1994ko abenduaren 27a).

Deigarria da zenbateraino egin zuten bat eskuin muturrak eta ETAk. Bi eragileek interesa zuten demokraziaren porrotean, eta indarkeria erabiltzen zuten hori lortzeko. Horrela islatzen zen *Kemen*en, ETA politiko-militarraren (ETApm) buletinean —erakundearen fakzio honek 1980ko hamarkadaren hasieran indarkeria uztea eta Gobernuarekin negoziatutako gizarteratze bideei heltzea erabaki zuen—: "Botere faktiko inboluzionistak hau [erreforma

prozesua] hondatzen saiatuko dira. Miliak [ETAm] ere bai. Azken horiek urrutiegi joan dira, demokrazia hondatzen eta desbandada orokorra eragiten saiatzen ari dira" (ETApm, *Kemen*, 1981).

'EGUNEZ UNIFORMEDUN, GAUEZ INKONTROLATU': SEGURTASUN INDARREN ABUSUAK

1977ko ekaineko lehen hauteskunde demokratikoek ez zuten hobetu polizia indarren jarrera zuzenbide estatuaren araberako irizpideekin ordena publikoa zaintzeko. Sistema demokratiko batean desegokiak ziren ekintzak egiten jarraitu zuten, hala nola agintekeriak eta herritarrentzako jarduera bortitzak eta kaltegarriak. Frankismoaren nostalgiaren pean bizi ziren, eta ez zuten mugarik, ez zuten beren ekintzen konturik eman behar inongo agintaritza zibil edo judizialen aurrean, eta ez zieten zigorrei aurre egin behar beren egintza arbitrarioengatik. Egoera horiek frankismoaren inertziak eta segurtasun indarrek modu demokratikoetara egokitzeko zituzten erresistentziak islatzen zituzten, demokraziara moldatzeak estatus pribilegiatua galtzea baitzekarren. Horri gehitu behar zaio agenteek prestakuntza eskasa zutela zuzenbide estatu batean jarduteko moduaz.

Testuinguru horrek argitzen du frankismoaren azken urteetan eta Trantsizioaren lehen aldian jardun zuten "inkontrolatu" deiturikoekin gertatzen zena. Euskadiko zenbait herritan ohikoa zen, ETAk egindako hilketa baten ondoren, Ordena Publikoko Indarretako kideak tabernetan sartzea eta bertan zeudenak xaxatu eta mehatxatzea. Gertaera horiek suntsitzaileak ziren ordena demokratiko berriarentzat. Hala, 1978ko martxoaren 10ean eta 11n, istilu larriak izan ziren Donostiako hainbat gunetan, berrogei edo berrogeita hamar pertsona inguruk eraginda. Pertsona horiek, pistolekin, borrekin eta beste objektu batzuekin armaturik, eraso egin zieten herritarrei, eta polizia kidegoetako kideak zirela ondorioztatu zen hainbat daturen bidez. Egoera esperpentiko horiek "egunez uniformedun, gauez inkontrolatu" eslogana zabaldu zuten.

Donostiako poliziak egiaztatu zuen Ordena Publikoko Indarretako kideek aktiboki parte hartu zutela talde inkontrolatuek Donostiako hainbat lekutan aurtengo lehen hilabeteetan egin zituzten jardunetan, Donostiako Poliziaren Buruzagitza Nagusiak Barne Ministerioari bidalitako dokumentu baten arabera (*La Voz de España*, 1978ko urriaren 6a).

Fenomeno horren beste agerpide bat *katu erraza* deiturikoa izan zen. Termino horrekin salatzen zen polizia indarrek beren arauzko armak bidegabe eta arbitrarioki erabiltzen zituztela zorigaiztoko emaitzekin. Hori gertatzen zen, adibidez, agenteek su armak erabiltzen zituztenean manifestarien aurka, batzuetan heriotzak eragin baitzituzten. Errepideetan jarritako polizia kontroletan erabiltzen zituztenean ere bai; 1977ko ekainetik 1982ra bitartean, 10 pertsona hil ziren EAEn eta Nafarroan, kontrol horien ondorioz. Poliziaren gehiegikeriak cta kontrol eta manifestazioetako heriotzak Espainia osoan gertatu ziren. Hala ere, Euskadin, Ordena Publikoko Indarren portaeren aurrean biztanleria hain sentibera izanik, gertaera horiek nabarmen kaltetu zuten segurtasun kidegoen eta Estatu demokratiko berriaren irudia. Hala ere, portaera horiek azkar samar bukatu ziren Trantsizioa sendotu zen heinean.

TAULA 1

ORDENA PUBLIKOKO INDARREK EDO 'INKONTROLATUEK' EUSKADIN ETA NAFARROAN ERAGINDAKO GERTAKARIRIK LARRIENAK (1977KO EKAINETIK 1982RA)

DATA	LEKUA	ERAGILEA	ONDORIOA	BIKTIMA
1977/08/25	Donostia	Polizia armatuaren tiroa	Balako zauritu arina	José Miguel Iparraguirre
1978/03/10 eta 11	Donostia	Inkontrolatuak		
1978/07/09	Iruñea	Poliziaren tiroak	Heriotza	Germán Rodríguez
1978/07/11	Donostia	Poliziaren tiroak	Heriotza	Joseba Barandiarán
1978/07/12	Errenteria	Guardia Zibilaren tiroak	2 zauritu	Julián Hernández eta José Luis Jiménez

TAULA 1

ORDENA PUBLIKOKO INDARREK EDO 'INKONTROLATUEK' EUSKADIN ETA NAFARROAN ERAGINDAKO GERTAKARIRIK LARRIENAK (1977KO EKAINETIK 1982RA) (JAR.)

DATA	LEKUA	ERAGILEA	ONDORIOA	BIKTIMA
1978/07/03	Errenteria	Polizia Armatuak herriari eraso (bandalismoa)	Dendak apurtu	
1979/04/10	Donostia	Kalez jantzitako poliziak (inkontrolatuak)	2 zauritu	Enrique Iraola (larri zauritua) eta Jokin Guillenea (erreserbatua)
1979/06/03	Tutera	Guardia Zibilaren tiroa	Heriotza	Gladys del Estal
1979/06/11	Errenteria	Polizia Armatua udal bilkuran sartu		
1979/09/01	Donostia	Poliziaren tiroa	Heriotza	Iñaki Kijera
1982/01/02	Errenteria	Guardia Zibilaren tiroak	2 zauritu	Daniel Muñoz eta Manuel Cosano

Iturria: Geuk sortua, prentsa artxiboak bilduta eta Landa (2008).

Horrelako jarduketak balioestean, kontuan hartu behar da segurtasun indarrak Euskadin bizi zirela herritarren etsaitasun giro ikaragarrian, eta ez bakarrik agenteak, baita haien familiak ere. Behartutako deserrotzea beren segurtasunagatiko larritasunarekin eta beldurrarekin uztartzen zen, ETAren mehatxuaren ondorioz hiltzeko beldurrez bizi baitziren.

Guardia Zibil baten lekukotza	**1980an eraildako guardia zibil baten alargunaren lekukotza, Lekeition izandako bizitzari buruzkoa**
"Lankideekin eta ahaideren bat edo besterekin baino ez genituen izaten harremanak... Arazoa larriagoa zen ahaideentzat guretzat baino; guk hain egiten genuen ordu asko lanean, ezen ez baikenuen astirik ere edukitzen harreman sozialen falta sentitzeko. Arazorik larriena ahaideek zuten, batez ere emazteek, erosketak egitera joaten ziren bakoitzean gizartearen gaitzespena	"Gehienek gorrotoa ziguten, behin baino gehiagotan bota ziguten atea [...] Ni arriskuan sentitzen nintzen denbora guztian. Egunen batean kuartelera joaten banintzaion bila umearekin, bera aurrean joaten zen eta ni metro batzuk atzerago, hiltzen bazuten, bera bakarrik hil

jasan behar izaten zuten eta. Denda batean sartu erosteko asmoarekin, eta guardia zibilaren emaztea dela konturatu orduko azkena zen ilaran edo ez zioten kasurik egiten edo beste denda batera joan behar izaten zuen erostera". Iturria: Intxaurbe, Urrutia eta Vicente (2022: 39).	zezaten. Senarra etxera itzultzen zenean, gortina baten atzean zelatan jartzen nintzen, errebolber batekin, zerbait arraroa ikusten banuen, airera tiro bat botata abisatzeko eta berak arriskua zegoela jakin zezan". Iturria: Pérez (2012: 60-61).

Euskal Autonomia Erkidegoan lan egiten zuten agente askok "Iparraldeko sindromea" deiturikoa izan zuten, eguneroko laneko estresaren ondorioz. Ez da harritzekoa Euskadiko Segurtasun Indarren artean suizidioen indizea oso handia izatea: hiru urtean, 30 bat pertsonak hil zuten beren burua (Belloch, 1998: 115). Bada oso kasu ezagun bat denen artean: Polizia Nazionaleko sarjentu batek bere buruaz beste egin zuen ETAk hildako lau kideren gorpuak beilatu ondoren. Inguruabar horiek ez dituzte inola ere haien portaera bidegabeak barkatzen, baina aipatu egin behar dira, zaildu egiten baitzuten kidego horien sentsibilizazio demokratikoa.

ETAren atentatua Errenterian (1982ko irailaren 14a)	**Julián Carmona Fernándezen suizidioa (1982ko irailaren 15a)**
Goiz erdian, 1982ko irailaren 14ko 11:00etan, ETAk Jesús Ordóñez Pérez (Jaenen jaioa, 25 urtekoa), Juan Seronero Sacristán (Gijonen jaioa, 35 urtekoa) eta Alfonso López Fernández (Argentinan jaioa, 29 urtekoa) polizia nazionalak tiroz hil zituen Errenterian, segada batean. Laugarren agente	Polizia Nazionaleko sarjentu Julián Carmona Fernández atzo hil zen, Donostian, lankide baten arauzko armaz buruan tiro egin ondoren. Gertaera 12:10ean izan zen, hiri horretako polizia etxeko guardia tokian, zenbait poliziarekin bazkaltzen ari zela. Sarjentua ezkonduta zegoen eta hiru seme-alaba zituen.

bat, Antonio Cedillo Toscano, sevillarra, 29 urtekoa, zaurituta utzi zuen Landarbasoko kobazuloetara doan errepidean metrailetekin egindako erasoari aurre egiten saiatzean. Inguruko bizilagun batek errepidean arrastaka aurkitu zuen odolusten ari zela. Furgonetara igo eta ospitale hurbilenera eraman zuen. Ihesean zihoazela, etakideetako hiruk ibilgailua ikusi, geldiarazi eta gidariari apuntatu zioten. Jarraian, Antonio Cedillo Toscano, larri zaurituta, kabinatik atera, arekara bota eta bi tiro eman zizkioten garondoan. Bosgarren polizia nazional bat, Juan José Terrón, oso larri zaurituta geratu zen eskuineko besoan, bularrean, eskuineko izterrean eta ezkerreko hankan tiroak hartuta. Iturria: *El Diario Vasco*, 2017ko irailaren 14a.	[…] Arantzazuko Ama osasun egoitzara eraman zuten, eta ospitaleratu eta gutxira hil zen, medikuak ebakuntza egiten ari zirela. Gipuzkoako Gobernu Zibilak atzo emandako oharrak "pairatzen ari zen egoera emozionala" aipatzen du eta dio "etsipenak jota, buruan tiro egin zuela". […] Sarjentua eraildako patruilaren unitate berekoa zen, eta kide batzuen lagun pertsonala. Felix Alcalá Galiano Polizia Nazionaleko jeneral inspektoreak ez zuen baztertu agian lau polizien heriotzak suizidio hori eragin izana […]. Iturria: *El País*, 1982ko irailaren 16a.

ARIKETA 2

Testuaren lehen zatian, Euskadiko Estatuko Segurtasun Indarretako kideek lanean zuten jazarpen eta amorru giroa deskribatzen da. Orain, saiatu imajinatzen nolako giroan bizi ziren. Zure ustez, testuinguru horrek lagundu ahal digu azaltzen Estatuko Segurtasun Indarren sektore jakin batzuek indarkeria erabil zezaten eragina izan zuten faktoreetako batzuk? Zergatik?

Ez da gauza bera fenomeno bat azaltzea, fenomeno horretan eragin dezaketen faktoreak kontuan hartuta, edo justifikatzea. Beraz, eguneroko jazarpen eta estres testuinguru horretan bizi zirela jakinda ere, ikuspegi etiko batetik, agente batzuen gehiegikeriak onartezinak dira eta ezin dira justifikatu. Ados zaude? Zergatik?

GERRA ZIKINAREN LEHEN BERTSIOA (1975-1981)

Gaingiroki esanda, gerra zikina bi alditan egin zen: 1975etik 1981era, eta 1983tik 1987ra. Indarkeria mota horri *legez kontrako kontraterrorismoa* ere deitu ohi zaio. Bigarren terminoarekin terrorismo erreaktiboa zela adierazten da, hau da, beste bati erantzuten ziola (ETArenari); lehenengoarekin, berriz, legez kontrako izaera azpimarratzen da; izan ere, Estatuaren aparatuekin harreman estua du eta Estatuaren funtsa izan behar duena urratzen du, hau da, zuzenbide estatua betetzen dela zaintzea.

1975. urtea hartzen da *gerra zikina*ren hasieratzat. Heriotza eragin zuen lehen ekintza Kanpazar gainean (Elorrio) izan zen. ETAko kide ezagun baten anaia, Iñaki Etxabe, hil zuten, ETAk hiru guardia zibil hiltzearen errepresalia moduan. Hurrengo hilketa ia urtebete geroago gertatu zen, Santurtzin, amnistiaren aldeko manifestazio batean: eskuin muturreko ustezko kideek (Guerrilleros de Cristo Rey) Maria Norma Menchaca hil zuten tiroz. Eskuin muturreko taldeek edo talde parapolizialek nahita abiatutako ekintzen ondorioz hildako 32 pertsonen eta 35 zaurituen arteko lehen bi biktimak izan ziren; hildakoen bi heren 1980an hil zituzten.

Ekintza horien helburua ETA eta haren ingurua ziren, baina talde armatuarekin zerikusirik ez zuten pertsonei ere eragin zieten. Hildako kopuru handiena Alonsotegiko Aldana tabernan jazo zen (1980ko urtarrilaren 20an). Eusko Alderdi Jeltzaleko (EAJ) militante batena zen eta bertan jarritako bonba indartsu batek lau pertsona hil zituen. Gerra zikinaren fase hori 1981ean bukatu zen.

Erailketa guztietatik, hamaika atzerrian egin zituzten, Frantziako hegoaldean —une hartan ondoko herrialdea "santutegi" edo babesleku gisa erabiltzen zutelako ETAko ekintzaileek— eta Venezuelan —erakundeko kide ugari erbesteratu baitziren bertara—. Beste hogeita batak Euskal Herriko hainbat herritan egin zituzten, *heriotzaren triangelua* izendatu zen eremuan batez ere, alegia, Hernanin, Oiartzunen eta Andoainen (Gipuzkoa). Biktimen artean, gutxi batzuk baino ez ziren ETAko kide aitortuak edo ustezkoak, beste batzuk ezker abertzalearen jarraitzaileak ziren, eta beste batzuk atentatuaren lekuan egoteagatik edo biktima bikario gisa hil zituzten, herritarren artean beldurra hedatzeko. Halakoak izan ziren Batallón Vasco Español delakoaren sektore zibilak egindako hilketa batzuk.

Indarkeria horren egileak hainbat taldetakoak ziren, eta ez zuten elkarren arteko koordinaziorik. Hainbat sigla erabiltzen zituzten ausaz; batzuk noizbehinkako ekimenak burutzeko baliatzen zituzten eta beste batzuk Estatuko funtzionarioen edo sektoreen bulkadaz sortu ziren edo haien onespenarekin. *Grosso modo*, hiru talde egon ziren: "kontrol gabeak" edo "inkontrolatuak" dei ditzakegunak, ustez polizia kidegoetako kideek osatuak; bigarrenik, BVE (eta beste sigla batzuk), militarrek, poliziek eta guardia zibilek osatua, frankismoaren nostalgikoek osatutako talde "zibil" bat zuena eta Gipuzkoan jarduten zuena; eta, azkenik, inteligentzia zerbitzuei eta talde parapolizialei lotutako mertzenarioak.

Hiru sektoreek bazituzten zenbait ezaugarri komun: eskuin muturreko ideologia, izaera bortitza, frankismoaren nostalgia eta segurtasun indarrekiko lotura edo kidetza. Hala ere, esku-hartze horien atzean ez zegoen erakunde egituraturik, ez eta proiektu politikorik ere babestuko zituenik edo estrategia bat emango zienik. Hala adierazten dute, adibidez, txosten ofizialek: "erakunde

horietako bat ere ez dago behar bezala egituratuta edo hierarkizatuta", eta beste iturri batzuek ere berresten dute hori (Miralles eta Arques, 1989: 72 eta hurrengoak; Pérez, 2021: 536 eta hurrengoak; Baby, 2018: 596-597). Fase horretan ez zegoen gobernuaren kontrol zorrotzik ezta zuzendaritzarik ere, baina bai segurtasun kidegoetako kideen, Armadako kideen eta eskuin muturreko zibilen arteko konplizitate eta elkartasun sare bat, eta informazio zerbitzuek ere esku hartzen zuten, mertzenarioak kontratatuta. Horregatik, pentsa daiteke lehen kontraterrorismo hori ez zela UCDren gobernutik sustatu, baina bai hark haren existentzia onartu zuela; mesede egiten zion bitartean onartu zuela eta, unea iritsita, hura amaitu zedin erabaki zuela. Barne Ministerioko arduradun batek hau esan zuen:

> Adostu genuen poliziak euren artean konponduko zirela eta Argalaren heriotza bezalako kontuak ez zegozkiela departamentu horietako arduradunei (Frantziako eta Espainiako Barne ministerioei); politikariek ez dituzte horrelako kontuen berri izan behar, politikariak indiskretuak garelako, eta badirelako kontatu ezineko Estatu arazoak (*El País*, 1983ko abenduaren 21a).

Esaterako, 1980an, Barne Ministerioak José Antonio Sáenz de Santamaría jeneralari, Gobernuak Euskal Autonomia Erkidegoan zuen ordezkari bereziari —lurralde horretan terrorismoaren aurkako borroka zuzentzeko ardura zuenari— kontraterrorismo horrekin nola jokatu behar zuen jakinarazi izana hitz hauekin: "Utz itzazu. Asaskatu daitezela. Ikara apur bat sortuko dute" (Carcedo, 2004: 246).

Deigarria da egindako hilketei edo beste ekintza terrorista batzuei buruz egindako ikerketetan, sarearen alderdi zibila osatzen zuten Zabala eta Iturbide gipuzkoarrak bakarrik atxilotu, epaitu eta zigortu izana. "Uniformedun" sektorea (poliziak eta militarrak) zigorrik gabe atera zen, nahiz eta frogek erakutsi parte hartu zuela. Azken batean, Zabala eta Iturbide izan ziren gaizki egina ordaindu zutenak, bigarren mailako aktoreak, eta balizko ikerketak gelditzeko babes gisa balio izan zuten, aktore nagusiak salbu gera zitezen.

1980tik aurrera, talde parapolizialek edo segurtasun indarrek egindako ekintza indiskriminatuak edo abusuzkoak pixkanaka murriztuz joan ziren. Lehen gerra zikin mota hori 23-F (1981) saiakera kolpistaren ondoren amaitu zen; izan ere, ziur aski gobernuak arreta handiagoa jarri behar izan zion Estatuko aparatuen kontrolari. Uniformedun poliziak establezimendu publikoetan mehatxuka sartzea —70eko hamarkadaren bukaeran ohikoa zena— desagertu egin zen. Frantziako Hegoaldeko jarduera armatu parapolizialak ere ia erabat amaitu ziren. Izan ere, terrorismoaren aurkako borrokari buruzko zerbitzu sekretuen 1979ko txosten batek ez zuen aholkatzen bide hori erabiltzea, ikuspegi sozialetik ondorio negatiboak izango zituelako eta bandolerismo moduko bat ekar zezakeelako. Defentsarako Informazio Zentro Nagusiaren (CESID) txostenean honako hau esaten da:

> "Ezin da pentsatu ezkutuko kontraterrorismoa arazo terroristaren soluzio pragmatikoa denik eta oztopo bakarra denik printzipio etikoen edo Zuzenbide Estatuaren ortodoxiaren gainetik pasatzea. Izan ere, ikuspegi pragmatiko hutsean, ezin da ahaztu benetan jokoan dagoena gizartearen babesa dela, eta printzipio etiko horiek eta ortodoxia hori direla benetako euskarria gizarteak Boterearekiko atxikimendua izan dezan [...] Hala eta guztiz ere, gerra zikina erabiltzea erabakitzen bada, CESIDek aholkatzen du eremu horretan oso azkar sartu eta irtetea, eta teknikoki akatsik eta pitzadurarik gabe egitea. Hala ere", gaineratzen du, "nekez izango da positiboa babes sozialari begira, eta, nolanahi ere, oso bide arriskutsua hasiko du, tentazioa maiz errepikatzen bada" (*El País*, 1995eko irailaren 10a).

Estatuko Segurtasun Indarretako sektore batzuen ekintza indiskriminatuak edo abusuzkoak gutxitzearekin batera, demokraziaren kalitatea nabarmen hobetu zen, baina hobekuntza hori ez zen hainbestekoa izan, bilbe horretan parte hartu zutenei buruzko ikerketa apenas egin zelako. Bazirudien ustezko estatu arrazoi bat zela delituak estaltzeko argudioa.

Gerra 'zikina'

Egia esan, *gerra zikina* terminoa eufemismo hipokrita bat besterik ez da, terminologia militarrez jantzitako jarduera kriminalak izendatzeko, alferrikako asmo batez: haien doilorkeria barkatzea eta helburu politikoen babes ustez nobleen pean jartzea. Basakeria horren babesleek terroristen postu simetrikoa hartzen dute. Gogoan izan behar dugu terroristek ere gerra eragiketa gisa aurkezten dituztela beren hilketak (ETAk bere sigletan sartu zuen *militar* terminoa), eta helburu politikoen koartadarekin egindako ekintza odoltsuak barkatzen dizkiotela beren buruari. Batzuek eta besteek indarkeria, mendekua eta krimena dituzte uztarri. Batzuek eta besteek "begia begi truk" legea eta basakeria darabiltzate gizarte zibilizatu baten arauak eta balioak ordezkatzeko. Batzuk eta besteak fenomeno terrorista beraren aldaerak baino ez dira.

Iturria: *El País*, 1983ko abenduaren 21a.

ARIKETA 3

Aurreko testuaren egileak planteatzen du "gerra zikinak" eta ETAren terrorismoak "kontrako leku simetrikoak" dituztela. Zure ustez, zer esan nahi du baieztapen horrek? Zer argudiotan oinarritzen da hori baieztatzeko?

Iritzi artikulu horren arabera, gerra zikina eta ETAren terrorismoa biak dira arbuiagarriak. Ados zaude? Zergatik?

3. BIGARREN GERRA ZIKINA (1983-1987): ASKAPENERAKO TALDE ANTITERRORISTAK

JATORRIA

1982ko urriko hauteskundeetan PSOEk lortutako garaipen handiak ilusioz betetako garai politiko berri bat ireki zuen, indar politiko horrek aldaketa agindu baitzuen. Hala ere, giro hori ez zen Euskadira hedatu, indarkeria terroristak jota jarraitu baitzuen. ETAk berehala deskalifikatu eta arbuiatu zuen gobernu berria, eta jarduera armatu biziarekin jarraitu zuen. 1982 eta 1987 urteen artean 273 pertsona hil zituen guztira, eta horrek tentsio politikoa eta iritzi publikoaren sumindura areagotu zituen. Otsailaren 23ko estatu kolpe saiakuntzaren ondoren, ETA bihurtu zen Espainiako demokraziaren arazo nagusia.

Giro horretan, 1983ko urrian, ETAk Martín Barrios farmaziako kapitaina bahitu eta hil zuen, eta horrek gizartearen gaitzespen sakona ekarri zuen. Armadaren erreakzioa berehalakoa izan zen. Goi agintariek Felipe González presidentea eta Narcís Serra Defentsa ministroa bisitatu zituzten, erantzun azkar eta sendoa eskatzeko. Estatua ezinean zebilen ETAren ekintzak geldiarazteko (45 hilketa 1983an), eta horri Frantziaren lankidetzarik eza gehitzen zitzaion, une hartan ETAko kideei babesa ematen baitzien eta Espainiako justiziak eskatutako etakideen estradizioak ukatzen baitzituen. Garai hartan, Frantzia "santutegi" bat zen ETArentzat: haren militanteek delituzko ekintzak egin zitzaketen Espainian,

jakinik, muga igaro bezain laster, jazarpena eten eta murrizketarik gabe mugituko zirela lurralde horretan.

Orduan sortu zen 1981ean amaitu zen gerra zikinari berrekiteko ideia, baina ezaugarri desberdinekin eta helburu zehatzagoekin. Zerbitzu sekretuen (CESID) txosten bat, 1983ko uztailekoa, GALen sorreraren akta moduko bat da (*El País*, 1995eko irailaren 8a). Idazki horretan, Frantziako Hegoaldean bortizki jarduteko hainbat aukera azaltzen ziren, eta etakideen bahiketa gomendatzen zen tresna egoki gisa. CESIDen iraileko beste ohar bat irmoagoa izan zen. Bertan, guardia zibilen eta mertzenarioen esku-hartzea planteatzen zen, baina zerbitzu sekretuek eragozpenak jartzen zizkioten, inteligentzia zerbitzua bera prestatzen ari zen jarduerak eragotzi zitzakeelakoan (Iruin, 2001: 101). Laburbilduz, asmoa zen ETAri bere tresna berberekin aurre egingo zion kontraterrorismo bat martxan jartzea, legez kanpo eta indarkeriaz jokatuz, seguru sentitzen zen lekuetan, Frantziako hegoaldean, kolpatzeko.

> Iturri erabat segurutik jakin dugu Frantziako hegoaldean indarkeriazko ekintzak egitea aurreikusita dagoela datozen egunetan. Ekintza horiek Guardia Zibileko kideek egingo omen dituzte, Donostiako Komandantziak babestuta. Ekintza horiek Frantzian kontratatutako beste pertsona batzuek egingo dituzten beste ekintza batzuekin batera egingo omen dira. Helburuak berehala hautatuko omen dira. Uste dugu geroko helbururik gabeko ekintza inkordinatuek ez dutela laguntzen borroka kontraterroristan arrakasta izaten. Aitzitik, eremua sentsibilizatu egiten dute eta dagoeneko planifikatuta dauden eta helburu erabakigarriagoa duten beste ekintza batzuk zailtzen dituzte (CESID Iruinen, 2001: 101).

Martín Barriosen bahiketak eta hilketak inkubatzen ari zena arindu zuten, eta 1983ko urrian bertan gertatu zen bigarren fase honetako lehen ekintza kontraterrorista: ETAko bi kide gazte, Josean Lasa eta Joxi Zabala, hil eta kare biziz lurperatu zituzten. Haien gorpuak hamabi urte geroago identifikatu zituzten, basatiki torturatu zituztelako zantzu nabarmenekin.

Atzera begiratuz gero, deigarria da kontraterrorismo hark Espainiako gizartean izan zuen babes zabala, bai indar politikoen artean, bai komunikabideetan, bai herritarren artean oro har. Jendea gogaituta eta haserre zegoen eta ematen zuen ezinezkoa zela ETA akabatzea. Horrek gerra zikinaren ikuspegi tolerantea, ulerkorra eta are justifikatzailea eragin zuen. Patxo Unzuetak zioenez, "70eko hamarkadaren amaieran, partikular askok eta askok uste zuten ETA akabatzeko 'begia begi truk' legea aplikatu behar zitzaiola" (*El País*, 1999ko abenduaren 24a). Bestalde, Pedro J. Ramírezek, laurogeita hamarreko hamarkadan GALen zirrikituak ezagutarazteagatik nabarmendu zen kazetariak, *Diario 16* egunkariaren bitartez, erakunde terroristaren aurkako legez kanpoko neurriak abian jartzea eskatzen zuen ildo editoriala zeukan:

> Frantziako santutegiaren inguruan muntatutako engranaje maltzurraren aurrean, Estatuak legitimitate morala du batzuetan metodo irregularretara jotzeko. [...] Edo haiek edo gu. Horregatik, ETA suntsitu behar da, edozein modutan (*Diario 16*, 1983ko irailaren 20a).

Halaber, Joseba Elosegi EAJko kideak, frankismoaren aurkako erresistente gailenak, zera esan zuen: ETAren aurka

> prozedurek indarrekoak izan behar dute. Ezin zaie musean irabazi, ez baitute musean egin nahi. Beren eremuan bilatu behar ditugu, baina diktaduren tankerako muturreko irtenbiderik gabe. Indarrak indarra besterik ez du ulertzen, baina horrek ez du esan nahi lortutako guztia suntsitu nahi duten elementuek parte hartu behar dutenik. Herriari ulertarazi behar zaio bide honetatik ez dagoela konponbiderik (*Naiz*, 2023ko ekainaren 28a).

1983ko azaroaren 3ko Kongresuko saioan, garai hartako gobernuko presidente Felipe Gonzálezek, Martín Barriosen erailketak eragindako hunkidurak jota, gobernuak terrorismoaren aurka erabiliko zuen politika azaldu zuen eta beraren hitzetan bazirudien gerra zikina tresna legitimoa zela demokrazia eta herritarren askatasunak defendatzeko.

Felipe Gonzálezen hitzaldia Diputatuen Kongresuan

"[...] Zuzenbide Estatua sendotzeko eta, ondorioz, aipatu ditudan balioak behin betiko ezartzeko ematen dugun urrats historiko erraldoi bakoitzean, talde terroristek balio horiek ukatzen dituzten erantzunak eman dituzte. Amnistia eskuzabalari hilketarekin eta heriotzarekin erantzun zitzaion; Konstituzioari hilketarekin eta heriotzarekin erantzun zitzaion; Autonomia Estatutuen Konstituzioari hilketekin, estortsioarekin eta indarkeriarekin erantzun zitzaion; heriotza zigorra kentzeari banda terrorista fanatikoek beren kabuz hiltzeko eskubidea, pertsonen bizitza ezabatzeko eskubidea bere gain hartuz erantzun zioten. [...] Buru nauen Gobernuaren eta Estatuko erakunde eta botere guztien betebeharra da defentsa mekanismo guztiak abian jartzea, indarkeriaren minbiziak kontzientzia nazionala kolpatzen jarraitu ez dezan. Ikuspegi horretatik, Gobernuak iragarri nahi die Ganberari eta herrialdeari salbuespenezkotzat jotzen duela banda terroristen eta haiei laguntzeko balio duten taldeen jokabidea, eta, ikuspegi horretatik, salbuespenezkotzat aplikatuko dituela talde terrorista horiei eta haiek babesten dituztenei soilik zuzendutako neurri guztiak ere.

[...] Ez naiz gerra deklarazioen tentazioan eroriko, ezta fenomeno terroristarekin zerikusirik ez duten herritarrei tratamendu bereziak emateko tentazioan ere. Aitzitik, gobernu gisa tinko eutsiko diogu borondate konstituziogiletik ondorioztatzen diren askatasun indibidual eta kolektiboak garatzeari, eta, aldi berean, garatze horretatik salbuetsiko ditugu askatasunen esparru hori bortizki suntsitu nahi duten gutxiengoak [...]".

Iturria: 6. Osoko Bilkura, 1983ko azaroaren 3koa, Diputatuen Kongresuaren Bilkuren Egunkaria.

Bilkura hartan Juan Mari Bandres Euskadiko Ezkerrako diputatua eta Santiago Carrillo Alderdi Komunistakoa bakarrik azaldu ziren aurka.

Juan Mari Bandresen hitzaldia Diputatuen Kongresuan	**Santiago Carrilloren hitzaldia Diputatuen Kongresuan**
"Lehenik, Gobernuko Lehendakari jauna, ez zaitezte ekintza errepresibo indiskriminatu eta masiboak egiteko tentazioan erori —hala espero dut—; ez zaitezte aritu erregistro indiskriminatuak egiten, atxiloketa orokorrak egiten, biztanleria zibilari traba egiten dioten eta ezertarako balio ez duten kontrolak jartzen. […] 'Ez' biribila edozein tratu txarri, edozein torturari eta kontrol zorrotza gai horien gaineko erantzukizun pertsonala duten gobernadore zibilei. […] ez zaitezte erori —hala espero dut— gerra zikina egiteko tentazioan; legez kanpo jardutea delitugileei dagokie. Estatu demokratikoa zeharkatu ezineko eta errespetatu beharreko mugen barruan mugitzen da. Hori da botere publikoaren benetako handitasuna Estatu demokratiko batean. […] eska iezaiozue poliziari jokabide demokratikoa, benetan konstituzionala eta erabat profesionala. […] Iritzi publikoa aldatu egiten da, ez da mugiezina. Zuen balizko akatsak dira haien jokoa. Ezin	"Presidente jauna, diputatu jaun-andreok, hasi nahi dut […] esaten ulertzen dudala eta neure egiten dudala Gobernuko Presidenteak gaurko hitzaldian erabili duen tonu dramatikoa, terrorismoaren arriskua, jakina, oso larria delako eta are larriagoa gure demokrazia oraindik hauskorra delako. Dramatismoa ulertzen dugu eta nik orain esaten dut Konstituzioaren barruan dauden neurri guztiak babestuko ditugula. […] Gobernuak iragartzen dituen neurri zehatzei dagokienez, zein diren jakin arte itxarongo dugu, eta, aldez aurretik, Gobernuko buruari esaten diogu Konstituzioaren barruan, Legearen barruan, askatasun demokratikoekiko errespetuaren barruan dauden guztiek gure babesa izango dutela. Baina terrorismoa babesten dutenei ez zaiela lasai bizitzen utziko esateak kezkatu egiten gaitu, adierazpen hori oso lausoa baita. Herri Batasuneko 140.000 boto-emaileek terrorismoa babesten dutela uste bada, horrek errepresio indiskriminatua eragin dezake, eta horrek terrorismoaren oinarri soziala murriztu beharrean areagotu egingo du […]

dizuet irakurri *Egin* egunkariaren azken zenbakia. Bertan, Herri Batasuneko norbaitek adierazten zuen jaisten ari direla eta hauteskundeetan berriro jaitsiko direla, baina balitekeela Barrionuevoren eta Gobernuaren okerrek protagonismo positiboa ematea. Ez erori oker horretan. ETAk nahi du zuek probokazio horretan eror zaitezten, herritarrak beragana ekarriko dituen ekintzak egin ditzazuen, eta hori erabat ekidin behar da".

Iturria: 6. Osoko Bilkura, 1983ko azaroaren 3koa, Diputatuen Kongresuaren Bilkuren Egunkaria.

Amaitzeko, esan nahi dut neurri horietatik guztietatik kezkatzen gaituela gerra zikinaren aurkako gaitzespen zehatzik egin ez izanak; gerra zikina arriskua litzateke eta terrorismoa are gehiago handituko luke [...]".

Iturria: 6. Osoko Bilkura, 1983ko azaroaren 3koa, Diputatuen Kongresuaren Bilkuren Egunkaria.

ARIKETA 4

Pertsona batzuen ustez, Felipe Gonzálezen hitzaldiak ETAren aurkako gerra zikinaren bigarren fasearen hasiera justifikatzen du. Identifikatu al ditzakezu diskurtsoan interpretazio horretarako bide ematen duten zatiak edo esapideak?

Bandresen eta Carrilloren diskurtsoek gerra zikinaren erabilera kritikatzen dute ikuspegi etikotik. Zer arrazoibide erabiltzen dituzte? Zer iruditzen zaizkizu?

Diskurtso horiek gerra zikinak izan ditzakeen nahi gabeko ondorio praktikoez ohartarazten dute. Zeintzuk dira ondorio horiek? Ba al dakizu ondorio horiek gertatu ziren?

EZAUGARRIAK

Erraza izan zen kontraterrorismo berri hori abian jartzea, bere horretan jarraitzen baitzuen UCDren garaian jardun zuen egiturak. Zerbitzu sekretuek beren kontaktuak mantentzen zituzten eta lehen etapan enplegatutako mertzenario atzerritarren zerbitzua izaten jarraitzen zuten. Hala ere, oso bestelako elementu bat dago lehen faseko kontraterrorismoarekin alderatuta. GALak Barne Ministerioak bultzatu zituen, José Barrionuevo buru zela, eta funts erreserbatuekin finantzatu ziren, hau da, terrorismoaren eta narkotrafikoaren aurkako borrokara bideratutako baliabide publikoekin. Frogarik ez dagoenez, ezin da zehaztu gobernuaren erantzukizuna noraino iritsi zen eta Felipe González presidentea inplikatuta egon zen; nolanahi ere, urraketa oso larria izan zen, gobernu sozialistak ez baitzuen behar zuen bezala zaindu zuzenbide estatua. Alderdi horretako buru Ramón Jáureguik esaldi batean laburbildu zuen sozialisten jarrera: "Denok hartu gintuen jakin nahi ez izatearen sentsazio batek" (Muñoz Molina, 2018: 63).

Lehenengo kontraterrorismoak gaur egun ere opakutasunean jarraitzen badu ere, GALei buruz informazio ugari dago, bai lan judizialari bai kazetaritzari esker. GALen barruan hiru kolektibo elkartu ziren, autonomiaz jardun zutenak baina nolabaiteko koordinazio mailarekin, loturako batzorde baten bidez eta Barne Ministerioaren gidaritzapean: Donostiako Intxaurrondoko kuarteleko guardia zibilak (GAL berdea), Bilboko polizia etxeko poliziak eta mertzenarioak (GAL urdina) eta zerbitzu sekretuetako agenteak (GAL marroia). Kontraterrorismo hori Estatuko funtzionarioek antolatu eta zuzentzen zuten, haiek erabakitzen zituzten xedeak eta diseinatzen zituzten atentatuak, eta gero mertzenarioek burutzen zituzten ekintza gehienak.

IRUDIA 1

ASKAPENERAKO TALDE ANTITERRORISTETAKO KIDEAK

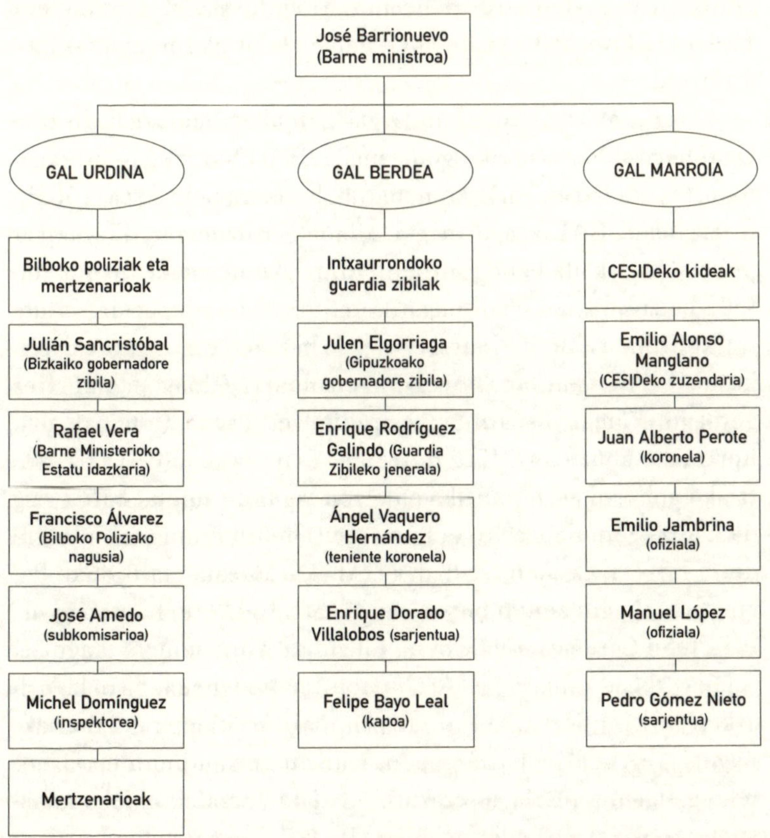

Iturria: Geuk sortua. Datuen iturria: *El Confidencial*, 2023ko urriaren 15a.

GALek 1983 eta 1987 bitartean jardun zuten. Ekintza terroristak Frantziako hegoaldean egin zituzten, Santi Brouard pediatra eta Herri Batasuneko mahai nazionaleko kidearen hilketa izan ezik. Denbora horretan 27 pertsona hil zituzten, eta haietatik % 40k ez zuten inolako harremanik ETArekin eta haren inguruarekin, eta antzeko pertsona kopurua zauritu zuten. Kasu horietakoren batean, GALek okerra aitortu zuten, baina gehienak atentatu indiskriminatuen politikaren ondorio izan ziren, Frantziako biztanleria ere beldurtzeko asmoz, ETAren presentzia haien lurraldean deserosoa izan zedin eta gobernua

presionatu zezaten. Lehen urteetako ekintza hautatuagoen ostean leku publikoetan (normalean, ustez ETAko kideak edo jarraitzaileak joaten ziren tabernetan) egindako atentatuak edo ETArekin loturarik ez zuten herritarren kontrako atentatuak etorri ziren.

Frantziako lurraldea hautatzeak bazeukan helburua edo zentzua: herrialde horretako gobernuari ETAri buruzko politika aldaraztea eta haren aurkako neurriak hartzera behartzea. 1984ko urtarrilean, GALak agertu eta hilabete batzuetara, Frantziako poliziak sarekada bat egin zuen Frantziako hegoaldean, eta etakide batzuk Espainiako mugatik urrun zeuden departamentuetan konfinatu zituen. Neurri horiekin hasi zen Frantziaren inplikazioa ETAren aurkako borrokan, eta neurri gehiago etorri ziren geroago, kideak Espainiara estraditatzea barne (lehenak urte horretako abuztuan). Ildo horretan, esan daiteke GALek Frantziako gobernuaren politika aldatzen lagundu zutela, baina ezin da neurtu zein neurritan eragin zuten. Behin Frantziaren lankidetza lortuta, ez zuen zentzurik GALek irauteak, eta 1986ko hasieran utzi egin zioten beren egitekoari. Hala ere, hurrengo urtean Juan Carlos García Goena hil zuten, kontzientzia eragozlea zelako erbesteratua eta ETArekin loturarik ez zuena. Esan izan da azken hilketa hori GALeko tarteko mailako kideek goi mailako nagusiei egindako ohartarazpena izan ote zen autonomiaz jarduteko gaitasuna zutela adierazteko eta jakin zezaten nolako arriskuan jarriko ziren indarkeriazko ekintzak bertan behera utzi eta haiek babesik gabe utziz gero.

ESTATUAREN BABESA

GALek funtzionatu zuten bitartean, ez zen erakunde horretako kide esanguratsurik atxilotu. Sareak Estatuaren ezkutuko babesa zuen, eta, horren ondorioz, ez zegoen poliziaren ikerketarik nahiz eta baziren egiten ari ziren delituen inguruko zantzuak. Kontua ez da atxiloketarik ez zegoela, baizik eta bigarren mailako ekintzaileak, oinezko soldaduak, soldatapeko

mertzenarioak edo ultraeskuindar nostalgikoak baino ez zituztela ukitzen. Ez zen egin Estatuko aparatuen konplizitatea erakuts zezakeen ikerketarik, horrek ekar zitzakeen ondorioengatik. Hala gertatu zen Daniel Fernández Aceña (1984) GALeko kide exekutorearen atxiloketarekin, ez baitziren haren deklarazioak eman zituen arrastoak ikertu. Jokabide oztopatzaile eta negazionista hori justifikatzeko, ustezko "estatu arrazoi" batera jotzen zen eta, arrazoi horren arabera, gertatzen ziren portaera ez-zilegi eta ez-moralak estali egin behar ziren terrorismoaren aurkako borrokaren eraginkortasuna eta sinesgarritasuna babesteko. Hala ere, ETAren aurkako gerra zikina legitimatzeko "estatu arrazoia" erabiltzeak zuzenbide estatuaren oinarriak higatu besterik ez zuen egiten, herritar guztien eskubideak eta askatasunak babestu behar baitzituen, baita haren aurka egiten zutenenak ere.

Jesús Santos fiskalaren azken gogoetak Lasaren eta Zabalaren hilketaren auzian	**Javier Gómez de Liañoren lekukotza Lasa eta Zabala auziko epaile instruktorea**
Santosek estatu arrazoiari eraso zion eta honela esan zuen: "1983tik 1986ra GALek egindakoak XVI. mendera atzera eginarazi zigun, Makiaveloren teoria politikoaren praxira, zeinaren arabera legea, morala eta zuzenbidea herriarentzat diren, baina ez gobernariarentzat", legearen gainetik baitago eta estatu arrazoia lehenesten baitu. "Poliziek kolektibitatea babestu behar dute indarkeriazko eta delituzko ekintzetatik, eta, horregatik, legezkotasunaren lehen	"Neuk egin nuen begi-ikuskapena la Cumbre jauregian... Nola izan ziren mutil haiek torturatuak... sarraskitu egin zituzten. Ez nuen inoiz torturatzailearen pertsona ulertu". "Espainian GALak justifikatzeko ematen zen argudio nagusia estatu arrazoia zen. Argudio hori erabili zen, eta norbaitek aurpegiratu ere egin zidan, ziur aski modu baketsuan, adiskidetsuan esatera ere ausartuko nintzateke, epaileok, epaile batzuek estatu zentzua falta genuela. Eta, noski,

bermatzaileak izan behar dute", nabarmendu zuen Santosek. Eta hau erantsi zuen: "Poliziaren eraginkortasun oro legearekiko errespetuaren barruan kokatu behar da, eta ez legetik kanpo". "Delinkuentzia terroristaren presentzia dramatiko eta krudelak ere ezin du inongo legez kontrako jokabiderik justifikatu, eta, azken finean, dialektika terroristaren azalpen lotsagabeen edo justifikazioen argudio gehigarri bihurtzeko arriskua du". "Aginte publikoak, bere misiotik urrunduta, legea urratzen badu", amaitu zuen, "ordezkatzen duen erakundeari eusten dioten oinarriak usteltzen ditu eta larriki zauritzen du". Iturria: *El País*, 2000ko martxoaren 24a.	erantzuna, nire erantzuna apala izan zen, baina berehalakoa: 'Estatu arrazoiaren aurretik justizia arrazoia dago'". Iturria: *El Confidencial*, 2023ko urriaren 15a.

ARIKETA 5

Bi adierazpen horietan, egileek argi eta garbi bereizten dituzte estatu arrazoia eta zuzenbide estatua. Bi testuak arretaz irakurri ondoren:

- Laburbildu zer esan nahi duen bi kontzeptuetako bakoitzak.
- Zergatik argudiatzen dute egileek ez dela lehenetsi behar estatu arrazoia zuzenbide estatuaren gainetik?
- Zer inplikazio du argudio horrek ETAren aurkako gerra zikina deslegitimatzeko?

Poliziaren ikerketen mugei aurre eginez, lehenik kazetariek eta, ondoren, epaileek bidea urratu zuten GALen eta haien arduradunen atzean zegoena argitzeko. Ondorioz, laurogeita hamarreko hamarkadan, GAL "urdin"eko tarteko karguak ez ezik —José Amedo eta Michel Domínguez komisarioak besteak beste— Barne Ministerioko arduradun nagusiak ere atxilotu eta zigortu zituzten, José Barrionuevo ministroa eta Segurtasunerako Estatu idazkari Rafael Vera barne. Aldi berean, 1995ean Lasaren eta Zabalaren gorpuak identifikatzeak GAL "berdea" aztertzea eta Intxaurrondoko kuartelari —Enrique Rodríguez Galindo jenerala buru zela— zegozkion erantzukizunak argitzea ahalbidetu zuen.

Nolanahi ere, aparatu judizialak esku hartu ondoren, eta eskura zeuden frogen araberako espetxe zigorrak ezarrita, "estatu arrazoia" berriro agertu zen. PSOEk eta PPk kondenatuekiko jarrera ulerkorra erakutsi zuten eta zigorrak arintzeko edo ia indarrik gabe uzteko neurriak sartu zituzten. Era berean, adierazgarria izan zen Felipe Gonzálezek 1998ko irailean Barrionuevori eta Verari publikoki eman zien babes sinbolikoa, espetxeratzeko unean haiekin egonda. "Gonzálezek eskerrak eman zizkien 'Pepe' eta 'Rafa' agurtzeko Guadalajaran bildu ziren milaka pertsonei eta ziurtatu zuen haiek beren eginbeharra beteko zutela, eta kartzelan sartzeak esan nahi zuela 'gaur bidegabekeria baten beste urrats bat egiten ari direla'" (*El Confidencial*, 2023ko urriaren 15a). Barrionuevori 10 urteko zigorra ezarri zioten, eta Alderdi Popularraren gobernuak indultua eman zion; hala, hiru hilabete eta erdi baino ez zituen eman kartzelan; Galindo jeneralak 75 urteko zigorra jaso zuen, baina lau baino ez zituen bete, 2004an atera baitzuten espetxetik osasun arrazoiengatik (2021ean hil zen, COVIDaren biktima); Julen Elgorriaga Gipuzkoako gobernadore zibilak ere 75 urteko zigorra jaso zuen Lasaren eta Zabalaren auziagatik, baina ez zuen urtebete eman espetxean, baldintzapeko askatasuna lortu baitzuen osasun arrazoiengatik.

ARIKETA 6

Ikusi Iñaki Gabilondo kazetariak Felipe Gonzálezi 1995ean egin zion elkarrizketa, José Barrionuevo eta Rafael Vera atxilotu zituztenean, GALen sorreran eta jardunean ustezko erantzukizunak egotzita. Elkarrizketa honetan, orduko Gobernuko presidenteak ukatu egiten du bere Gobernuko kideen erantzukizuna. Gero, Gabilondok terrorismoaren aurkako borrokaren figura nagusietako bi ikertzen ari direla esaten dionean, errugabetasun presuntzioa aipatzen du, eta ez du erantzukizunak argituko dituen ikerketa sakon baten beharra planteatzen. Ondoren, beste edozein herritarrek duen informazio bera duela adierazten du, eta, jarraian, dio ez duela ulertzen zergatik espero den harengandik informazio gehiago izatea. Azkenik, irmo ukatzen du GALen "X jauna" denik.

Ikuspegi etiko eta politikotik, Zuzenbide Estatu batean, Felipe Gonzálezen jarrera arazotsua izan daiteke hainbat arrazoirengatik. Zergatik? Arduradun politikoek beren erantzukizunak saihestu al ditzakete "gertakarien berri ez dutela" argudiatuz? Errugabetasun presuntzioaren erabilera okerra bihurtu al daiteke Estatuaren egiturek babestutako delitu jakin batzuen zigorgabetasunerako koartada?

Bideoa ikus dezakezu hurrengo estekan https://lc.cx/a_ap4D.

Epaileek beren lana egin zuten, baina gero exekutiboak zuzendu egin zuen. Laurogeita hamarreko hamarkadan, PSOEren aparatuaren sektore oso esanguratsu batek botere banaketa kolokan jarri zuen, botere judizialari eraso egin eta haren independentzia arriskuan jarri baitzuen. Javier Pradera kazetari ezagun eta ospetsuak adierazi zuenez, sozialistek uste zuten gerra zikina moralki justifikatuta zegoela bizitzak salbatzeko balio bazuen, eta epaileak traba deserosoa zirela legea betearazten zutenean (Woodworth, 2002: 396).

BARRUKO SAREA

GALei buruzko ikerketek agerian utzi dute haien sarearen konplexutasuna eta opakutasuna; izan ere, elementu ugari daude

inplikatuta, hala nola espioitza zerbitzuak, poliziaburuak, Guardia Zibileko agintariak, ministerioetako kargudunak, etab. Eta, gainera, kideen lohikeria, eskrupulurik eza eta moraltasun eskasa erakusten dute, zeren estatu demokratiko bateko funtzionario publiko gisa jokatzeko oinarrizko arauak urratzeaz gain, kasu askotan, irabazi ekonomiko pertsonala lortzera bideratu zen.

Hasteko, hilketak egiteko hautatutako pertsonak normalean Frantziako Paueko eta Marseillako edo Portugalgo gaizkileen artean aukeratutako soldatapeko mertzenarioak izaten ziren. Prestakuntza eskasa zutenez, ez da harritzekoa egoera xelebreak eta lardaskeriak gertatzea larritasun handiko delituak egitean. Aipa dezagun Segundo Mareyren bahiketa adibide gisa: ETAko buruzagi bat (Mikel Lujua) bahitzeko ardura zuten bi mertzenarioak pertsonaz erratu ziren, eta Marey harrapatu zuten, ETAko buruzagiaren ordez. Halako beste kasu bat Paulo Figueiredo mertzenario portugaldarrarena izan zen. Delituzko ekintza bat egin ondoren, ihes egiteko, auto bat hartu beharrean, trena hartzera joan zen "aurrezteko", eta han atxilotu zuten oinezko batek jarraitu ondoren; eta, gainera, erabilitako arma aurkitu zioten, "oroigarri" gisa gorde zuelako. Urte batzuk geroago, Figueiredok honako hau adierazi zuen: "GALak ez ginen gerrilla bat, hiltzaile batzuk baino ez ginen" (*Público*, 2013ko maiatzaren 31). Hiltzaile horiek, deklaratutakoaren arabera, 60.000 euro kobratzen zuten heriotza bakoitzeko.

Hasieran ekintza terrorista zainduak, trebeak eta informazio onekoak izan baziren ere (Guardia Zibilari egotzitakoak), laster esku-hartze zehaztugabeagoak eta gaizki exekutatuak egin zituzten, eta horrek mertzenarioak atxilotzea erraztu zuen. Amedo komisarioari —erreklutatzaile nagusietako bat— ez zitzaion axola "jakin gabe tiro egiten zuten" eskarmenturik gabeko mertzenarioengana jotzea; garrantzitsuena zen, beraren ikuspuntutik, kaltea eragitea eta ekintzek eragina izatea. Are gehiago, Figueiredok epaitegian adierazi zuenez, Amedok errieta egin zien behin emakume eta haurrak zeuden establezimendu batean tiro egin ez zutelako.

GALen izaera ikertzen joan zen heinean, gero eta ageriago geratu zen sarearen izaera zikina, ikusita nolako pertsonak zeuden barruan: delitu arruntengatik kondenatutako funtzionarioak

(adibidez, Enrique Dorado eta Felipe Bayo guardia zibilak), kontrabandoko mafietako kide izandakoak, edo, beste maila batean, baimenik gabe nagusiak grabatzen zituztenak; esaterako, Guardia Zibileko eta CESIDeko agente bikoitz batek, Pedro Gómez Nietok, Enrique Rodríguez Galindo Guardia Zibileko jenerala grabatzen zuen. Hori nahiko ez eta, maiz, erreklutatzaileak, Polizia Nazionaleko edo Guardia Zibileko kideak, mertzenarioei ordaintzeko esleitutako diruaren zati batekin gelditzen ziren. Baina ez haiek bakarrik. Gainsoldatak, bai eta Barne Ministerioaren funts erreserbatuak bidegabe eskuratzearen ondoriozko aberasteak ere, arruntak izan ziren gerra zikinean murgilduta zeuden ministerio horretako kargu gorenen artean. Hala aitortu zuten Julián Sancristóbal Segurtasuneko zuzendari izandakoak edo Rafael Vera Barrionuevoren bigarrenak, eta ondasun publikoak bidegabe eralgitzearen delitu jarraitua egiteagatik kondenatu zituzten. "Madrilgo Probintzia Auzitegiaren epaiak frogatutzat eman zuen Verak dirua eman ziola mundu guztiari, eta oso kopuru handia desbideratu zuela beretzat, 141 milioi pezetatik gorako zenbatekoa, finkak erosteko eta hobetzeko" (*El País*, 2005eko otsailaren 17a).

> "Zenbaitek Aladinoren altxorra balitz bezala hitz egiten dute funts erreserbatuei buruz", esan zuen Rafael Verak ironia apur batez, itaunketaren egunean. Espainiako Bankuko adituek aipatzen dituzten kopuruak kontuan hartuta, 1983an mila berrehun eta berrogeita sei milioi pezeta gastatu ziren, eta hori agian ez da Aladinoren edo Ali Babaren altxorra, baina bada berrogei lapurren gutizia pizteko moduko harrapakina. Diruaren erabilera zikina agerian geratzen da ozen esandako hitzetan eta bistako gertaeretan, Suitzako kontuen errespetagarritasun aseptikoan, eta isilmandatariei, menpeko leialei edo pistolariei ordaindutako diru lohian. Milioi bat libera zituen maleta ospetsua, ordea, ez zen agertu; baina Julián Sancristóbalen esanetan, maleta bat etorri zen Madrildik, Segundo Mareyren bahiketaren gastuak ordaintzen laguntzeko eta, José Amedoren hitzetan, berak maleta horretako dirua erabili zuen Bilboko hotel taurino bateko logelan mertzenarioei ordaintzeko (Muñoz Molina, 2018: 87).

ARIKETA 7

Ikusi José Amedok gerra zikinari buruz emandako lekukotza. Bertan bi gogoeta mota daude.

Alde batetik, maila pragmatikoan, Amedok ontzat hartzen ditu GALak sortzeko arrazoiak eta, bere ustez, GALen ekintzek izan zituzten ondorio positiboak eta okertzat jotzen du Estatuko Segurtasun Indarretako kideak ekintza horietan sartzea.

Beste alde batetik, elkarrizketaren hiru unetan, Amedok erlatibizatu egiten du gerra zikinaren zilegitasunari buruzko epaiketa etikoak egitea. Zein dira Amedoren arrazoibide nagusiak? Ados zaude haiekin? Zergatik?

Bideoa ikus dezakezu hurrengo estekan https://lc.cx/QmDw2C.

GALena azaleratzeko eta desegiteko prozesua azkartu egin zen Juan Alberto Belloch epaileak gobernu sozialistako Barne eta Justizia Ministerioak hartu zituenean. Lantalde berri bat osatu zuen, Margarita Robles epailea izendatuta Barne Arazoetako Estatu idazkari, Juan Luis Ibarra epailea Justiziako idazkari nagusi tekniko eta Juan Mari Jáuregi Gipuzkoako gobernadore zibil. Politika berri bat bultzatu zuten, non estatu arrazoia baztertu zen zuzenbide estatuaren ideiaren mesedetan. Hasieratik argi utzi zuten ez zutela GALen ezkutatzea bultzatuko beren ministerio edo gobernu sailetik, baizik eta haien ikerketa sustatuko zutela. Horrela, Estatuko bi sektoreren arteko borroka sortu zen. GALei lotutako sektorea bestea beldurtzen saiatu zen. Ohikoa izan zen lekukoak mehatxatzea, erasotzea edo erostea (50 milioi pezeta babestutako lekuko bati) ez deklaratzeko edo deklarazioetan atzera egiteko. Beldurra zabaldu zen GALen muina argitu nahi zutenen artean. Hala, Enrique de Federicok, Lasa eta Zabala kasuaz arduratzen zen polizia judizialaren arduradunak, babesa eskatu zuen bere familiarentzat ikerketa bere gain hartu zuenean, eta egoitza judizialean kontatu zuen alabetako batek mehatxuak jaso zituela eta bere etxean sartzen saiatu zirela; lehenago ere salatu zuen berak eta bere agenteek mehatxuak jaso zituztela, eta zehaztu zuen ikertutako pertsonengandik edo Guardia Zibiletik zetozela mehatxu horiek.

> Barne Ministerioaren presio handiak eta segurtasun indarretako kideen mehatxuak jasan behar izan nituen [...] Konturatu nintzen Guardia Zibilean ez genuela laguntzarik aurkituko, eta nire nagusiei jakinaraztea erabaki nuen. Gertatutakoa argitzen saiatzen ginen guztioi trabak jartzen zizkiguten. Ez hori bakarrik, arriskuan geunden. Ez gu bakarrik, baizik eta gertatutakoa ikertu nahi zuten guztiak, beste batzuek azterka egitea nahi ez zuten lekuan azterka egiten saiatzen ziren guztiak. Antonio Rubiori, gogoan dut, eskolta poliziala jarri nion jasotako mehatxuengatik (*El Confidencial*, 2023ko urriaren 15a).

Era berean, Amedo eta Domínguez epaitegian beren buruzagi ohiak salatzen hasi zirenean, Garzon epaileak kartzelatik ateratzea erabaki zuen, arriskuan zeudela eta haien segurtasunerako benetako arriskua zegoela argudiatuta (*El País*, 1994ko abenduaren 22a). Ematen zuen GALen hasierako egiturak, batez ere Guardia Zibilarenak, edozertarako prest zeudela, ikerketak oztopatzeko eta haien aurkako lekukotzak ekiditeko. Larderia eta mehatxu giro hori argi eta garbi islatzen du Maixabel Lasak, Juan Mari Jáuregiren alargunak, la Cumbre jauregian bizi izandako bizipenei buruz hausnartzen duenean eta Gipuzkoako gobernadore zibila izan zen garaian senarrak izandako beldurrak erakusten dituenean.

Maixabel Lasa Juan Mari Jáuregiren alargun eta Eusko Jaurlaritzako Terrorismoaren Biktimei Laguntzeko Bulegoko zuzendari ohiaren lekukotza

"Jesús Egigurenek Juan Mariri Gipuzkoako gobernadore zibila izatea proposatu zion lehen unetik, Jose Maria Gurruchaga ordezkatzeko, jakitun zen sozialista guztiei ez zitzaiela egokia iruditzen izendapena. Karguaz jabetzeko bezperan, telefono dei bat jaso zuen, lanpostua ez hartzeko eskatuz.

Esan beharra dago Juan Mari zuzenbide estatuaren defendatzaile nekaezina zela eta giza eskubideen defendatzaile sutsua, pertsona guztiena, baita ETAko atxilotuena ere.

Gobernadore atipikoa izan zen, inbestidura hitzaldia euskaraz eta gaztelaniaz eman zuen, prentsa guztia gonbidatu zuen, ez bakarrik Gobernu Zibilean ohikoak zirenak.

Karguan egon zen bitartean, hainbat gertaera kezkagarri izan genituen la Cumbre jauregian (gure bizilekuan). Bi aipatuko ditut.

1. La Cumbretik atera nintzen Legorretara joateko eta eskaileretan ikusi nuen kea ateratzen zela lehenengo solairutik (Guardia Zibilaren garita batetik). Etxeko mantentze lanetako arduradunari deitu eta esan egin nion. La Cumbrera itzuli nintzenean, dena konponduta zegoen.

2. Beste egun batean, Legorretatik bueltan, ez zegoen argirik goiko solairuan, bizi ginen lekuan. Afaria prestatu behar zen eta sotoan zegoen txokoa erabiltzea pentsatu nuen. Atea ireki eta gas usain jasanezina sumatu nuen, banekien halakoetan ezin zela argiaren etengailua sakatu, ezta linterna bat piztu ere. Haztamuka jaitsi eta sutegiko lau giltzak topera irekita topatu nituen, itxi, leihoak ireki eta gora igo nintzen. Gas giltzak ez dira bakarrik irekitzen, hori prestatuta zegoen gu desagerrarazteko.

Zer azalpen eman zituen Guardia Zibilak, la Cumbreko segurtasuna mantentzeko ardura izanik? Bat ere ez! Zeozergatik esan zidan Juan Marik, Lasa eta Zabala kasuan lekukotza ematetik etorri zenean: 'Ez dakit nork hilko nauen, ETAk ala Galindok'".

Iturria: Maixabel Lasaren lekukotza argitaragabea liburu honetarako.

Estatuak gerra zikinaren aurrean emandako erantzunaren mugak deskribatu ditugu, baita, hainbat arrazoirengatik, gertatutakoaren berri eman nahi izan zutenek behin eta berriz jasan zuten jazarpen giroa ere. Dena dela, gerra zikina egon zen Europako beste herrialde batzuetan gertatutakoa kontuan hartzen badugu, hala nola Frantzian, Erresuma Batuan edo Alemanian, Espainian ikerketak egin ziren, atxiloketak egin ziren eta beste hiru kasuetan eman ez ziren zigorrak eman ziren. Paddy Woodworth gai honetako nazioarteko adituak idatzi zuen GALei buruzko libururik zorrotzena eta berak dioenez:

> meritu handikoa da […] Espainiako demokraziarentzat GAL puntu honetaraino ikertu izana, bereziki ETAren estrategiaren presio izugarri antidemokratikoa, gupidagabea eta indiskriminatua kontuan hartuta. Herrialde gutxi joan dira hain urruti Felipe Gonzálezek hain modu argigarrian Estatuko "hustubideak" izendatu zituenaren sekretu negargarriak azaleratzeko orduan […] (*El País*, 2003ko uztailaren 4a).

Zenbaitek lortu nahi zen helburua (Frantziak ETAren "santutegia" izateari uztea) eta eraginkortasuna kontuan hartuta epaituko dituzte GAL taldeak, eta balorazio positiboa egingo dute, haien baliagarritasuna azpimarratuz. Iritzi okerra da, ordea; izan ere, Estatua gaizki atera zen terrorismo horren aurka ez jarduteagatik, edo behar bezala ez jarduteagatik, bere izaera eta kalitate demokratikoa kolokan jarri baitzuen. Zentzu horretan, eragin gaiztoa izan zuen; izan ere, ETAri eta bere munduari bidea erraztu zien propaganda artifizio erabilienetako bat sozializatzeko: aurrez aurreko bi bando zeudela, ETA eta Espainia eta, gerran zeudenez, zilegi zela edozein kontsiderazio etiko alboratzea. Ikusi dugunez, bi indarkeria egon ziren, bai, baina ez bi bando.

Kontraterrorismo horren bi bertsio kronologikoen ETArekiko desberdintasunak nabarmenak izan ziren: Euskal Herrian ez zuen babes sozialik izan, ETAk, berriz, babes esanguratsua zuen; existentzia laburra izan zuen; ETA indargabetzeaz haragoko proiektu politikorik ez zuen izan; eta legez kanpoko izaera eta, beraz, inmorala zuela jakin zuen. BVE edo GAL aukera koiuntural modura sortu ziren, nahi eran erailtzen zuen ETAren terrorismo suntsitzaileari aurre egiteko, eta ez ideologikoki oinarritutako erakunde egonkor gisa. Haren sostengua eta justifikazioa ez zen arrazoibide politikoa, baizik eta sentimendu utilitario eta afektibo batera jotzea: ETA kolpatuko dugu jende errugabe gehiago hil ez dezan. ETArekiko kontrastea agerikoa da.

4. TORTURAREN PRAKTIKA ONARTEZINA

Tortura gizateriaren historian izan den jardunbide gaitzesgarrienetako bat da. Zuzenean urratzen du giza duintasuna, eta ezin da inola ere justifikatu, ezta salbuespenezko edo larrialdiko egoeretan ere. Torturatzea sufrimendu kalkulatu bat aplikatzea da, nahita emana gorputzak sufri dezan baina jasan dezan eta nahi den informazioa edo aitorpena eman dezan. Jardunbide abusuzkoa eta errepikakorra izan da historian zehar. XIX. mendearen amaiera arte itxaron behar izan zen hainbat erregimen liberalek debekatu zezaten, teorian behintzat, giza eskubideen defentsaren esparruan. Hala ere, XX. mendearen lehen erdian, erregimen ez demokratikoak boterera iritsi zirenean, bereziki gerren arteko garaian, tortura maiz erabili zen. Hori dela eta, eta II. Mundu Gerraren ondoren, nazioarteko legedia ezartzen hasi zen, haren erabilera debekatzeko. 1948an, Giza Eskubideen Adierazpen Unibertsalak (NBEren Batzar Nagusiak onartua) 5. artikuluan xedatzen duenez, "inori ez zaio torturarik egingo, ezta zigor edo tratu krudel, anker edo iraingarririk ere" (NBE, 1948). Hala ere, 80ko hamarkadara arte itxaron behar izan zen NBEk Torturaren aurkako Konbentzioa onartzeko eta berariaz estatuei praktika hori erabiltzea debekatzeko (NBE, 1984).

Espainian, frankismoan, poliziak maiz erabiltzen zuen tortura delitu politikoengatik zein delitu arruntengatik atxilotutakoekin. Esanguratsua da garai hartako Zigor Kodean

tortura delitua ez jasotzea. Poliziak modu orokorrean erabiltzen zuen Espainia osoan, jakinik horrek ez zuela inolako zigorrik ekarriko. Demokrazia iritsi zenean, torturen egoera juridiko-penala aldatu egin zen, lehenik eta behin Zigor Kodean haren kondena sartuta, baina modu lauso batean, eta jada modu solemnean 1978ko Konstituzioaren 15. artikuluan, non esaten baita: "Guztiek bizitza eta osotasun fisiko nahiz moralerako eskubidea dute, eta ezin da inoiz torturarik egin, ez eta zigor edo tratu jasanezin edo apalesgarririk ere" (BOE, 31. zk., 1978ko abenduaren 29koa).

Bada, hortaz, nazioarteko eta Espainiako lege esparru bat tortura debekatzen duena. Hala ere, oraindik ere erabiltzen da, herrialde diktatorialetan ez ezik, herrialde demokratikoetan ere bai. Are gehiago, azken urteotan, eta nazioarteko terrorismoaren gorakadaren ondorioz, azken herrialde demokratikoen iritzi publikoan tortura erabiltzearen aldeko giro handiagoa sumatzen da, salbuespenezko kasuetan behintzat. Irakeko Abu Ghraib espetxeko edo Guantanamoko base militarreko irudiek izan zuten eragina ez da inflexio puntu bat izan, eta estatu demokratikoek, egoera jakin batzuetan, modu estraofizialean, erabiltzen jarraitu dute. Bowdenek gogoratzen duenez, torturen kasuan, "agindu moral gutxik dute hainbesteko zentzua eskala handian, baina, gero, hain errotik hautsi kasu partikularretan" (Bowden Ignatieffen, 2006: 4).

Eta, Euskadin? Galdera horri erantzuten saiatzen garenean, lehen zailtasun batekin egiten dugu topo: egiaztapen faltarekin. Jardunbide debekatua den heinean, Estatuek, eta kasu honetan Espainiakoak, haren existentzia ezkutatzen dute eta haren ezagutzarako trabak jartzen dituzte. Tortura epaitu eta zigortu ahal izateko, egiaztatzeko prozedura judizial bat egon beharko litzateke, eta sarritan ez du ondo funtzionatzen, epaileak ez duelako behar bezalako ardurarik jartzen ikerketan edo frogarik ez dagoelako. Gaian aditua den Jose Luis de la Cuestak dioenez (2021: 145), tortura salaketen zati txiki bat baino ez da kondenatzen. Tortura ikertzen duten nazioarteko erakundeek diote epairik ez egoteak ez duela esan nahi gertakari horiek gertatzen ez direnik.

Gainera, egia juridikoa ez da nahikoa izaten, ez baitu torturaren benetako dimentsioa behar bezala jasotzen.

Zailtasun horiek direla eta, torturaren erabilera zenbaterainokoa den zehaztea oso konplexua da, are gehiago torturaren inguruko eztabaida alderdikeriaz egiten denean. Euskadin, tortura egiaztatzeko metodo zorrotzik ez dagoenez, batzuek torturaren existentzia ukatzen dute eta beste batzuek milaka torturatu egon direla salatzen dute, eta ETAren aurkako borrokan sistematikoki aplikatu den abusua dela ziurtatzen dute, eta, bere aburuz, horrek kolokan jartzen du Espainiaren estatus demokratikoa. Behar bezalako zuhurtziaz, azalpen sinesgarriena dela uste duguna azalduko dugu laburki.

Trantsizioan eta demokraziaren lehen urteetan, torturak polizia kidegoen ohiko praktika izaten jarraitu zuen. Ikusi den bezala, sistema politikoa aldatu zen, baina ez funtzionarioak, eta Konstituzioak tortura debekatzen zuen arren, tortura horretara ohituta zegoen polizia kidegoaren zati batek erabiltzen jarraitu zuen, eta Administrazioak ez zuen esku hartu haren erabilera eteteko. Are gehiago, terrorismoaren aurkako borrokaren babesean sortutako zenbait legek mesede egin zioten tortura erabiltzeari, poliziaren gehiegikeriak erraztuko zituzten zigorgabetasun guneak sortu baitzituzten. Hala, 1978az geroztik, berariazko legeria bat ezarri zen eta, hari esker, agintariek 10 egunez inkomunikatuta eduki zezaketen atxilotua, babes judizialik gabe, eta horrek diskrezionalitate eta arbitrariotasun tarte handiak ematen zizkion poliziari.

Torturak basatiak izan zitezkeen, 1981ean Joxe Arregi Asteasun (Gipuzkoa) jaiotako 30 urteko ETAko kidearen heriotza lazgarriak frogatzen duenez. Arregi 1981eko otsailaren 4an atxilotu zuten Madrilen. Bertan, 9 egunez inkomunikatuta egon zen Segurtasun Zuzendaritza Nagusiaren egoitzan, Carabanchelgo espetxeko ospitalera eraman zuten arte, eta bertan hil zen, ziurrenik jasotako jipoien ondorioz. Juan José Rosón Barne ministroak ikerketa bat abiarazteko agindu zuen eta, horren ondorioz, bi agintari kargugabetu zituzten eta bost polizia behin-behineko espetxealdian sartu, baina geroago aske utzi zituzten fidantzapean.

Ministroaren diziplina-neurri horien ondorioz, poliziaren buruzagitzak berehalako erreakzio desafiatzailea izan zuen: hainbat goi kargudunek dimisioa eman zuten eta beste batzuek dimititzeko edo lekualdaketa eskatzeko mehatxua egin zuten, protesta gisa. Argitaratu zen "polizia espainiarraren matxinada" bat egon zela, baina militar demokraten esku-hartzeak geldiarazi zuela. Ibilbide judizial bihurri baten ondoren, ezarritako zigorrak urriak izan ziren egindako delituaren larritasuna kontuan hartuta. Horri gehitu behar zaio, ondoren, zigortutako bi polizia bakarrak indultatu eta promozionatu egin zituztela (Landa, 2008: 39). Gertaera horiek agerian uzten dute estatu demokratiko berriaren hauskortasuna eta poliziaren ohitura frankista enkistatuak menderatzeko zailtasuna. Jose Manuel Ledesmak, polizia-inspektorea eta polizia-sindikatu bateko idazkaria, Joxe Arregiren heriotzaren ondoren argitaratutako iritzi artikulu batean azpimarratzen zuenez:

> Tamalez, José Ignacio Arregui Izaguirreren heriotzak poliziaren errealitatea eta haren azpiegitura eta izendapen politika sakon eraberritu beharra jarri ditu berriro ere mahai gainean. Duela bost urte, herrialde honetako indar demokratiko guztiek parte hartuta egindako planteamendua, alegia, "hausturarik ez, erreforma bai" planteamendua, poliziari dagokionez behintzat, porrot izugarria izan da, eta, berandu bada ere, oraindik gerta liteke terrorismoak ez ezik, polizia jakin batzuek ere gure herrialdeko demokrazia suntsitzea (*El País*, 1981eko otsailaren 19a).

Polizia kidegoek lanbide heziketa oso eskasa zuten, eta haien lorpenak ez ziren atxiloketen aurreko informazioaren ondorio, baizik eta atxilotuak torturatuz lortzen zituzten frogen ondorio. Euskal Herrian, atxiloketa masiboak egitean oinarritzen zen haien estrategia, beste bide batzuetatik lortuko ez zuten informazioa eskuratzeko. Testuinguru horretan, 1985ean, Mikel Zabalzaren heriotza gertatu zen, Guardia Zibilak Intxaurrondoko kuartelean galdeketa egin ondoren. Zabalzak 33 urte zituen, Orbaitzetakoa (Nafarroa) zen eta Donostian lan egiten zuen autobus

gidari. 1985eko azaroaren 26an, Guardia Zibilak atxilotu zuen, ETAko kidea zelakoan, baina gero frogatu zen ez zuela inolako loturarik ETArekin. Hogei eguneko bilaketaren ondoren, gorpua Bidasoa ibaian agertu zen. Pedro Gómez Nieto agenteak Alberto Perote CESIDeko koronelari eman zion informazioak adierazten zuen Zabalza Intxaurrondon hil zela egin zizkioten torturen ondorioz (Landa, 2008: 89). Gertaera horiengatik ez zen atxiloketarik egin, ezta erantzukizunik eskatu ere, eta agerian geratu zen torturak frankismoan ohikoak baziren, demokrazian ere erabiltzen jarraitzen zutela, demokrazia ustez finkatuta egon arren.

Berdin erabili zen tortura gizonen eta emakumeen aurka? Eusko Jaurlaritzaren txosten baten arabera, gizonen eta emakumeen aurkako polizien torturaren bost kasutik batean baino gehixeagotan (% 22,3) erabili zen sexu-indarkeria (Etxeberria, Martín Beristain eta Pego, 2017: 169). Baina tortura ereduak desberdinak izan ziren atxilotutako pertsonaren generoaren arabera:

> Analisiek erakutsi zuten, modu estatistikoki esanguratsuan, gizonek emakumeek baino jipoi gehiago, jarrera anomalo eta behartu gehiago eta genitaletako kolpe gehiago hartu zituztela [...] datuek erakusten dute emakumeek, gizonekin alderatuta, bultzada eta ile tiradizo gehiago pairatu zituztela, plantoia gehiago erabili zutela haiekin, poltsarekin itotze lehor gehiago egin zietela, sexu indarkeria gehiago (biluzik egotera gehiago behartu, ukitze gehiago, hitzezko umiliazio gehiago eta beste sexu indarkeria mota batzuk), atxilotze baldintza okerragoak izan zituztela (etengabeko zaraten eraginpean egon beharra, higiene gabeziak espazioan), ikusi ezin gehiago kaputxak edo beste elementu batzuk erabiliz eta zehaztu ez diren pribazioko beste forma batzuk, umiliazio gehiago, mehatxu gehiago, bai eta informazio kontrajarri gehiago eman eta polizien jokabide bortitz/onberen aldaketa gehiago ere (Etxeberria, Martín Beristain eta Pego, 2017: 179).

80ko hamarkadaren amaieran, garai berri bat inauguratu zen, eta torturaren erabilera kontrolatzeko borondate politiko handiagoa azaldu zen, atxilotuen eskubideak bermatzeko eta poliziaren

gehiegikeriak mugatzeko lege eta arauak jarriz. Hainbat ekimen edo faktorek bideratu zuten Estatua norabide horretara. Lehenik eta behin, Espainiak torturaren aurkako nazioarteko hainbat itun sinatu zituen, lehenengoa 1987an. Horrek Estatua behartzen zuen gai horri buruzko azalpenak ematera horretarako sortutako organismoei, haien behaketapean egotera eta, horrela, nolabaiteko kanpo kontrola —mugatua baina— edukitzera. Urte horretan bertan, Konstituzio Auzitegiak adierazi zuen Konstituzioaren aurkakoa zela hamar eguneko atxiloaldi inkomunikatua atxilotua epailearen aurrean aurkeztu gabe. Aldi berean, botere judizialari inkomunikazio aldia finkatzeko ahalmena eman zitzaion. Urtebete geroago, terrorismo kasuetarako gehieneko inkomunikazio aldia bost egunekoa izango zela ezarri zen, eta epe hori ere kritikatu egin da gehiegizkoa izateagatik.

Arlo instituzionalean garrantzitsua izan zen Justizia eta Barne Ministerioan Bellochen lantaldea sartu izana, horrek Zigor Kode berri bat ekarri baitzuen, 1995ekoa, zeinak, lehen aldiz eta berariaz, torturengatiko kondena ezartzen baitzuen, nazioarteko estandarrak aplikatuz. Era berean, garrantzitsua izan zen auzitegiko medikuek atxilotuen osasun azterketan erabiltzeko protokolo espezifiko bat sortu eta ezartzea, torturarik egon zen ala ez zehazteko funtsezko prozedura (BOE, 231. zk., 1997ko irailaren 26koa). Horrela, sistema bermatzaileago bat ezarri zen eta, haren arabera, auzitegiko medikuek egunero bisitatzen zituzten ETAko atxilotuak eta epaileari azterketaren berri ematen zioten.

Horri guztiari aparatu judiziala gehitu zitzaion —edo haren zati bat—; izan ere, laurogeiko hamarkadan esku hartzen hasi zen atxilotuei torturak egin zizkietela ebidentzia sendoa zegoenean eta poliziak eta guardia zibilak kondenatu zituzten gertakarien egile gisa. Ikuspuntu horretatik, meritu handikoa izan zen Euskadin lan egiten zuten epaileek laurogeiko eta laurogeita hamarreko hamarkadetan izandako torturei buruz egindako ikerketa. Haien artean, José María Lidón epailea nabarmendu behar da, torturak egiten zituztenen kontrako

kondena epaien txostengilea, gero ETAk eraila. Hala ere, esan ohi da kondenen kopurua ez dela proportzionala izandako torturen benetako kopuruarekiko, eta 1992tik aurrera kondenarik ez egotea ebidentziarik uzten ez zuten eta, beraz, judizialki egiaztatu ezin ziren tortura metodo sofistikatuagoak erabiltzearen ondorio dela.

Izan ere, aipatutako hobekuntzak gorabehera, torturak erabiltzen jarraitu zuten terrorismo kasuetan, nahiz eta kopuru txikiagoan, dela poliziak legea aplikatzen ez zuelako, dela auzitegiko mediku batzuek lehen aipatutako protokoloa betetzen ez zutelako eta, hala, torturak islatu gabe geratzen zirelako. Era berean, Espainiako Estatuaren nazioarteko kontrola mugatua zen; izan ere, batzuetan kanpoko erakunde horien eskakizunei ematen zitzaien erantzun instituzionala formalista eta Administrazioaren defentsa itxia izaten zen, balorazio zehatzetan sartu gabe. Ez da harritzekoa nazioarteko hainbat erakundek Espainia zigortu izana, batez ere torturak ez ikertzeagatik (Giza Eskubideen Auzitegiak zazpi zigor ezarri zizkion 2002tik 2011ra). Estatuak tortura egileengana izandako begikotasuna ere larria da, maiz indultatu izan baititu torturagatik kondenatuak, haien delitua zigorrik gabe utziz. Eusko Jaurlaritzak torturei buruz sustatutako txostenaren arabera, kalkulatzen da 12 indultu eman direla, terrorismo kasuekin lotutako torturengatik zigortutako 34 funtzionariori mesede egin dietenak. Hori, egindako hainbat estimazioen arabera, oso portzentaje esanguratsua izango litzateke guztizkoaren aldean (Etxeberria, Martín Beristain eta Pego, 2017: 339). Puntu honetan ondoriozta dezakegu, denboraren poderioz, tortura ez zela praktika orokortu edo sistematiko bat izan, baina erabiltzen jarraitu zela ETAko edo haren inguruko ustezko kide izateagatik atxilotutakoekin. Zor bat da Espainiako zuzenbide estatuan, eta horrela aitortu behar da, terrorismoaren aurkako borrokak ezin baitu inola ere justifikatu tortura erabiltzea.

Estatuak tortura baliatu duela ez onartzea akats larria da, eta demokraziari ez dio onik egiten. Hori esanda, ez da onargarria abertzale erradikalek hartaz egin duten iruzurrezko erabilera.

Sektore horrek, ETAren aldeko gehiengo zabala izanik, propaganda helburuz erabiltzen zuen torturaren existentzia, hura desitxuratuz eta puztuz, xedea baitzen sistemaren izaera ez-demokratikoa eta ETAren beharra frogatzea. Torturen gaitzespena baliorik gabe geratzen da tortura batzuk bakarrik salatzen badira, baina beste batzuk txalotzen badira, ETAk egiten zituenak. Sarkastikoa da José Antonio Ortega Lararen bahiketa izan zenean tortura arbuiatzen zutela zioten sektoreak isilik egotea. Izan ere, Ortega Lara 532 egunez (1996-1997) egon zen toki nimiño batean itxita, lurpean eta argi gutxirekin. *Egin* egunkariaren lerroburuak, ildo politiko horretakoa izaki, Ortega Lara askatu eta hurrengo egunean, ankerkeriaz islatzen zuen "besteak" torturatzearekiko axolagabekeria. Honela zioen lerroburuak: "Ortega kartzelara itzuli da" (Ortega espetxeetako funtzionarioa zen). Zuzenbide estatuaren defentsa ezin da interes alderdikoien menpe egon.

Zuzenbide estatu baten barruan legez kontrako okerrak edo jardunbideak gerta daitezkeen arren, Giza Eskubideen Urraketen Biktimei Aitorpena eta Erreparazioa Egiteko Legeak adierazten duen bezala, "Zuzenbide-estatuaren balioa ez dago bere baitan akatsik edo legez kanpoko ekintzarik ez gertatzean, baizik eta horiek identifikatzeko, zuzentzeko eta, ahal den neurrian, horien ondorioak konpontzeko gaitasunean" (EHAA, 151. zk., 2016ko abuztuaren 10ekoa). Hori izan behar du helburu, eta erne egon behar du helburu hori betetzeko.

BALANTZE-ARIKETA: BIKTIMAGILE-BIKTIMAREN AURREKO DILEMA ETIKOAK

Francisco Javier Núñez indarkeria parapolizialaren biktima izan zen, eta Juan Carlos García Goena estatu terrorismoaren biktima. Bi kasuetan, ETAren jarduera terroristarekin inolako loturarik ez zuten pertsonak dira, eta, beraz, are nabarmenago erakusten dute haien aurka egindako indarkeriaren bidegabekeria.

1977ko maiatzaren 15ean, **Francisco Javier Núñez Fernández**, 38 urteko matematikako irakaslea, inolako filiazio politikorik gabea, mezatatik bueltan hiru urte eta erdiko alaba Inesekin etxera bidean zihoala, Polizia Armatua Bilbon sakabanatzen ari zen amnistiaren aldeko manifestazio batekin topo egin zuen. Poliziak jo egin zuen, etxeko atariaren ondoan, alabaren aurrean. Bi egun geroago, Núñez Fernándezek epaitegira jotzea erabaki zuen, erasoa salatzeko. Kolpatu zuten agenteek, haren asmoen berri izan zutenean, furgoneta batean sartu eta torturatu egin zuten eta litro bat koñak eta litro bat errizino olio edanarazi zizkioten. Núñez Fernández hamahiru egun geroago hil zen, edandakoak eragindako lesioen ondorioz. Hil ondoren, alarguna eta alaba erosten saiatu ziren, gertatutakoa konta ez zezaten, eta, ezezkoa hartu zutenez, hiltzeko mehatxuak egin zizkieten. 2021era arte ez zen eragindako kalte bidegabe hura aitortu; orduan eskatu baitzion barkamena alabari Fernando Martínez López Memoria Demokratikoko Estatu idazkariak Espainiako Gobernuaren izenean. Gaur egun ez dakigu nor izan zen hilketa horren egile materiala.

Juan Carlos García Goena Tolosako argiketaria zen, eta kontzientzia objektorea eta intsumisoa izanik, Frantziara ihes egitea erabaki zuen, derrigorrezko soldadutza ez egiteko. 1987ko uztailaren 24an, 29 urte zituela, Hendaian (Frantzia) hil zuten. Lanera joateko etxetik irten zenean, GALek autoaren behealdean jarritako bonba batek eztanda egin zion. García Goena bakezalea zen, beti egon zen armak erabiltzearen aurka eta ez zen inoiz ETAko kidea izan. Hil zutenean, bi neskatoren aita zen, eta Laura alarguna hirugarrenaren esperoan zegoen (Bilbao eta Sáez de la Fuente, 2023: 22-23). Hori izan zen GALek egindako azken atentatua. Instrukzioan, Julen Elgorriaga Gipuzkoako gobernadore zibil ohiak, Rafael Vera Segurtasunerako Estatu idazkari ohiak eta Luis Roldán Guardia Zibilaren zuzendari ohiak deklaratu zuten inputatu gisa. 2001ean, Garzón epaileak instrukzio sumarioa amaitu zuen eta ezin izan zuen hilketaren egile materiala zehaztu. 2015ean, auzia largestea erabaki zen, inolako prozesamendurik gabe, ez zegoelako kriminalitate zantzurik pertsona jakin baten edo batzuen aurka. Kasua berriro irekitzeko saiakera guztiek porrot egin dute.

Orain datozen bi kasuek biktimagile-biktimaren figura islatzen dute (Bilbao, 2009). Pertsona hauek indarkeria erabiliz beste batzuk biktimizatu zituzten —Melitón Manzanasek, erregimen frankistako polizia izanik, eta Josean Lasak eta Joxi Zabalak, ETAko aktibista izanik—, eta gero biktimizatuak izan ziren, beste pertsona batzuek haien aurkako indarkeria erabili baitzuten haiek hiltzeko.

Melitón Manzanas Donostian jaio zen 1909ko ekainaren 9an. Joera eskuindarrekoa izanik, II. Errepublikan Eskuin Autonomoen Espainiako Konfederazioko (CEDA) kide ziren Herri Ekintzako Gazteak taldeko kide izan zen. Gerra Zibilean, armada frankistan parte hartu zuen, eta, gerra bukatutakoan, Poliziaren Kidego Orokorrean sartu zen, eta Gipuzkoako brigada politiko sozialeko buru izatera iritsi zen. Melitón Manzanas oposizio antifrankistaren artean ezaguna zen erregimeneko torturatzailerik handienetako bat izateagatik. 1968ko abuztuaren 2an, ETAk nahita egindako lehen hilketaren biktima izan zen. Erakunde terroristako kide batek zazpi aldiz tiro egin zion bizkarrez zegoela, "etxera sartzen ari zenean, emazteak eta alabak atea irekitzen zioten bitartean" (Barruso, 2024). Erregimen frankistak Euskadin erresioa areagotuz erantzun zion Manzanasen hilketari, salbuespen	**Josean Lasa** y **Joxi Zabala**, 20 eta 21 urtekoak hurrenez hurren, Frantziara ihes egin zuten, ETAko kide zirela identifikatu ondoren. Bi etakideek ihes egitea lortu zuten, Tolosan banku batean lapurreta egin eta zauritu gabeko tiroketa batean Poliziako kideei aurre egin ondoren. 1983ko urriaren 15ean GALeko kideek bahitu zituzten Baionan. Hasiera batean, Intxaurrondoko Guardia Zibilaren kuartelean atxikita egon ziren, eta, ondoren, Barne Ministerioaren jabetzakoa zen Donostiako la Cumbre jauregira eraman zituzten. Bi bahituak galdekatu eta modu basatian torturatu zituzten eta, azkenean, Alacantera eraman zituzten. Han, eskuak lotuta eta ahoa eta begiak estalita, zelai batera eraman zituzten, buruan tiro egin eta kare biziz lurperatzeko. 1985ean, haien gorpuzkiak Busoten (Alacant) agertu ziren, baina 1995era arte ez ziren identifikatu, Polizia Nazionaleko agente baten trebetasunari esker.

egoerak aterki gisa erabiliz. Burgosko Prozesuan (1970), Xabier Izko de la Iglesia ETAko kideari haren hilketa leporatu zioten, baina berak beti ukatu zuen hilketa haren erantzulea zenik. Orain arte ez dakigu nor izan zen hilketaren egile materiala, eta, jakina, inor ez da horregatik epaitu.	2000ko apirilean, Auzitegi Nazionalak pertsona hauek zigortu zituen krimen horrengatik: Enrique Rodríguez Galindo, Intxaurrondoko Guardia Zibileko jenerala; Ángel Vaquero, kuartel bereko teniente jenerala; Julen Elgorriaga, Gipuzkoako gobernadore zibila; Enrique Dorado eta Felipe Bayo, Guardia Zibileko agenteak. Urtebete geroago, Auzitegi Gorenak zigorrak handitu zituen, funtzionario publiko izatea astungarritzat hartuta. 2002ko uztailean, Konstituzio Auzitegiak kondenatuen babes errekurtsoa ukatu zuen, eta zortzi urte geroago, Estrasburgoko Europako Auzitegiak kondena horiek babestu zituen. Galindok eta Elgorriagak urte gutxi batzuk baino ez zituzten eman espetxean, eta gainerako zigorra zaintzapeko askatasunean bete zuten, osasun arrazoiengatik.

ARIKETA 8

Lehenengo bi kasuei dagokienez, Francisco Javier Núñez Fernández eta Juan Carlos García Goena, inork ez luke zalantzan jarriko protagonisten biktima izaera. Denek esango lukete errugabeak zirela eta ez zutela merezi gertatu zitzaiena. Aitzitik, Melitón Manzanasen eta Josean Lasaren eta Joxi Zabalaren kasuetan, eztabaida sortzen da hainbat jarreren artean: a) ezin dira biktimatzat hartu lehenago biktimagileak izan zirelako —egin zietena merezi zutela defendatzen duenik ere bada—; b) egin zutena egin

zutela ere, beren giza eskubideak errespetatzea merezi zuten, eta, beraz, sufritu zituzten biktimazio-ekintzak bidegabeak izan ziren eta, gainerako biktimek bezala, egia, justizia eta erreparaziorako eskubidea dute; c) biktimak dira eta delitu horietan inplikatuta egon zirenen erantzukizunak argitu behar dira, baina ez dira publikoki aldarrikatu behar, ez direlako ereduzko erreferenteak. Zer uste duzu zuk?

- Bost pertsonak biktimak direla uste duzu? Zergatik?
- Erantzuna baiezkoa bada, egia, justizia eta erreparaziorako eskubide berberak izan behar al dituzte?
- Erantzuna baiezkoa bada, uste duzu herri administrazioek eta gizarteak biktima gisa aitortu behar dituztela?

BIBLIOGRAFIA

AULESTIA, Kepa (1993): *Días de viento sur. La violencia en Euskadi*, Bartzelona, Antártica/ Empúries.

BABY, Shopie (2018): *El mito de la transición pacífica. Violencia y política en España (1975-1982)*, Madril, Akal.

BARRUSO, Pedro (2024): "Vida y muerte de Melitón Manzanas, el primer asesinato premeditado de ETA", *La voz de la República*, in https://lc.cx/Bx3qS_.

BELLOCH, Santiago (1998): *Interior. Los hechos clave de la seguridad del Estado en el último cuarto de siglo*, Bartzelona, Ediciones B.

BILBAO, Galo (2009): *Jano en medio del terror: la inquietante figura del victimario-víctima*, Bilbo, Bakeaz.

BILBAO, Galo eta SÁEZ DE LA FUENTE, Izaskun (2023): *Memoria de las víctimas, ¿víctimas de la memoria?*, Madril, Los Libros de la Catarata-Deusto.

BOE (1978): *Constitución española*, 31. zk., 1978/12/29koa.

— (1997): *Orden de 16 de septiembre de 1997 por la que se aprueba el Protocolo que han de utilizar los Médicos Forenses en el reconocimiento de los detenidos*, 231. zk. 1997/09/26koa.

BOPV (2016): *Ley 12/2016, de 28 de julio, de reconocimiento y reparación de víctimas de vulneraciones de derechos humanos en el contexto de la violencia de motivación política en la Comunidad Autónoma del País Vasco entre 1978 y 1999*, 151. zk., 2016/08/10ekoa.

CARCEDO, Diego (2004): *Sáenz de Santamaría. El general que cambió de bando*, Madril, Temas de Hoy.

DE LA CUESTA, José Luis (2021): "Víctimas de graves vulneraciones de derechos humanos y abuso de poder: reconocimiento y reparación", in Ana Isabel Pérez Machío (zuz.) eta José Luis de la Cuesta Arzamendi (zuz.), *Contra la política criminal de tolerancia cero: libro-homenaje al Profesor Dr. Ignacio Muñagorri Laguía*, Iruñea, Aranzadi, 129-145.

DEL RÍO, Eugenio (2014): "Una mirada sobre la Transición", *Página Abierta*, 232, maiatza-ekaina.

DIRECCIÓN DE ATENCIÓN A LAS VÍCTIMAS DEL TERRORISMO (2008): *Informe sobre víctimas del terrorismo practicado por grupos incontrolados, de extrema derecha y el GAL*, Gasteiz, Herrizaingo Saila, Eusko Jaurlaritza.

ETXEBERRIA, Francisco, MARTÍN BERISTAIN, Carlos eta PEGO, Laura (2017): *Proyecto de investigación de la tortura y malos tratos en el País Vasco entre 1960-2014*, Gasteiz, Eusko Jaurlaritza.

IGNATIEFF, Michael (2006): "Si la tortura funciona", *Claves de Razón Práctica*, 162, zk., 4-7.

INTXAURBE, Joserra; URRUTIA, Gorka eta VICENTE, Trinidad (2022): *ETAren terrorismoaren ondorioz Estatuko Segurtasun Indar eta Kidegoetako kideek eta haien senideek jasandako injustiziari buruzko txostena (1960-2011)*, Gasteiz, Eusko Jaurlaritzaren Argitalpen Zerbitzua, 39.

IRUIN, Iñigo (2001): "GAL: El espejo del Estado", *El libro negro de Intxaurrondo*, Lizarra, Txalaparta, 88-113.

LANDA, Jon Mirena (2008): *Informe sobre Víctimas de vulneraciones de derechos humanos derivadas de la violencia de motivación política*, Gasteiz, Justizia, Lan eta Gizarte Segurantza Saila, Eusko Jaurlaritza.

MIRALLES, Melchor eta ARQUES, Ricardo (1989): *Amedo. El Estado contra ETA*, Bartzelona, Plaza & Janés.

MUÑOZ MOLINA, Antonio (2018): *La puerta de la infamia. Crónicas del caso Marey*, Ubeda, Fundación Huerta de San Antonio.

NBE (1948): *Giza Eskubideen Aldarrikapen Unibertsala*, 1948ko abenduaren 10ean onartua, in spn.pdf.

— (1984): *Torturaren kontrako konbentzioa*, 1984ko abenduaren 10ean onartua, in https://lc.cx/CpjJMm.

PÉREZ, José Antonio (2021): "El terrorismo ultraderechista y parapolicial en el País Vasco", *Historia y Memoria del terrorismo en el País Vasco 1968-1981*, Polonia, Confluencias Editorial.

PÉREZ, José Antonio eta MOLINA, Fernando (2017): "El monopolio de la violencia ilegítima: terrorismos paraestatales y brutalidad política", in Juan Pablo Fusi eta José Antonio Pérez (arg.), *Euskadi 1960-2011. Dictadura, transición y democracia*, Madril, Biblioteca Nueva, 151-175.

PÉREZ, Kepa (2012): *Habla la dignidad, hablan las víctimas. Un testimonio en primera persona de quienes han padecido el horror del terrorismo*, Bilbo, Asociación para la Defensa de la Dignidad Humana, 60-61.

VÁZQUEZ MONTALBÁN, Manuel (1978): "¿Contra Franco estábamos mejor?", *La Calle*, maiatzaren 2a.

WOODWORTH, Paddy (2002): *Guerra sucia, manos limpias. ETA, el GAL y la democracia española*, Bartzelona, Crítica.